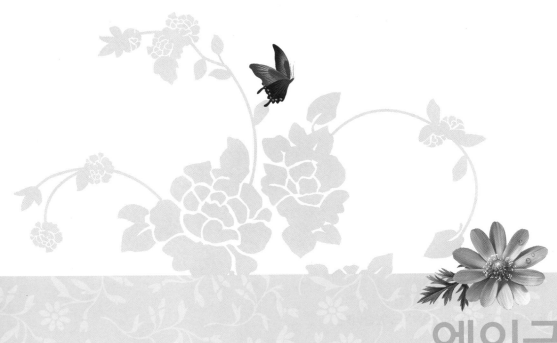

에이급 **특목고 슈멩**
chemin

chemin [ʃ(ə)mɛ̃](슈멩)은 프랑스어로 길, 방향, 방법이란 뜻입니다.

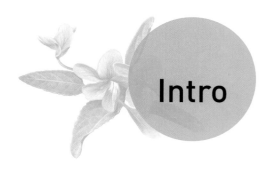

Intro

이 책은 특목고시험 출제 경향에 맞추어 펴낸 창의력과 사고력을 측정하기 위한 문제집입니다.

'나의 생각' 란은 식에 해당하지만 자신이 생각하는 수학적 · 논리적 사고를 피력하는 곳으로

어느 한 가지만이 옳은 사고라고 할 수 없습니다.

그러므로 답안에는 예시답안을 제시했으며

'결과' 란은 수학적인 답을 요구하는 것이지만 본인의 주장을 서술할 수도 있습니다.

이러한 창의사고력 문제는 채점하는 선생님의 주관에 따라 약간씩 다를 수 있지만

대체로 본인의 생각이 타당한 수준이면 됩니다.

이 책으로 열심히 연구하고 노력하면 여러분들의 목표달성에 많은 도움이 될 것으로 생각합니다.

－에이급출판사 편집부－

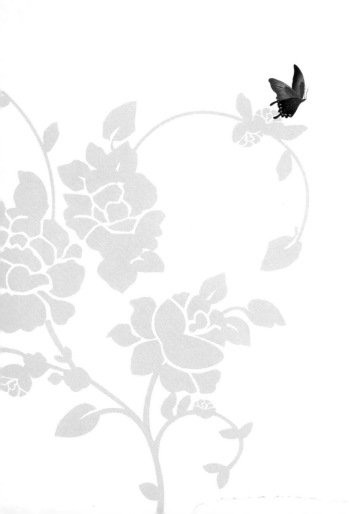

Contents

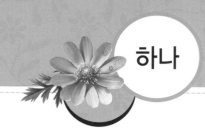
01 5그루의 개나리가 심어져 있는 정오각형 모양의 화단이 있다. 화단을 증축하기 위하여 다음 그림과 같이 진달래와 개나리를 한 줄씩 번갈아가며 심었더니 2그루의 꽃나무가 남았고, 남은 2그루의 꽃나무로 한 줄 추가하여 정오각형 모양으로 심으려고 하니 29그루의 꽃나무가 모자랐다. 이 때, 필요한 꽃나무의 종류와 현재 가지고 있는 꽃나무의 그루 수를 구하여라.

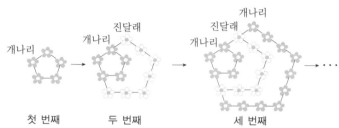

첫 번째   두 번째   세 번째

나의 생각

결과는?

02 양치기 소년은 18마리의 양을 키우는데 아침에는 풀밭에 양을 모두 풀어놓았다가 해질녘이 되면 양을 몰아 우리에 집어넣는다. 1번 양부터 18번 양까지 다음 (i)~(vi)과 같이 움직인다면 양치기 소년은 모든 양을 우리 안에 넣기 위해 최소한 몇 마리의 양을 몰고 가야 하는가?

(i) 1번 양 또는 8번 양을 몰고 가면 7번 양과 9번 양이 따라온다.

(ii) 6번 양과 7번 양을 몰고 가면 5번 양과 11번 양과 12번 양이 따라온다.

(iii) 7번 양 또는 15번 양을 몰고 가면 10번 양과 13번 양이 따라온다.

(iv) 4번 양을 몰고 가면 2번 양과 3번 양이 따라온다.

(v) 3번 양과 10번 양을 몰고 가면 16번 양과 17번 양이 따라온다.

(vi) 2번 양 또는 5번 양을 몰고 가면 14번 양과 18번 양이 따라온다.

나의 생각

결과는?

▶ 예시답안 p.80

03 어느 공원에 다음 그림과 같이 조각상 3개가 놓여 있다. 두 조각상끼리의 거리는 각각 $(a-2)$m, am, $(a+2)$m이고, 세 조각상을 이었을 때 생기는 삼각형의 최대각의 크기는 최소각의 크기의 2배일 때, 각 조각상끼리의 거리를 모두 구하여라.

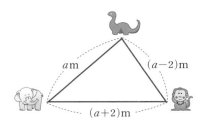
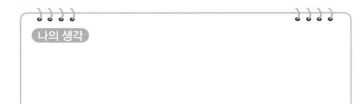

나의 생각

결과는?

04 신체검사날 윤성이네 반 학생 35명은 키를 모두 재어 소수 첫째 자리에서 반올림하였다. 이 중 키가 가장 작은 학생은 152 cm이고, 가장 큰 학생은 179 cm일 때, 윤성이네 반 학생들 중에서 키가 같은 학생은 적어도 몇 명이겠는가?

나의 생각

결과는?

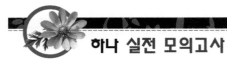

05 은진이의 시계는 한 시간에 20초씩 늦게 가고, 연정이의 시계는 두 시간에 1분씩 빨리 간다. 어느 날 은진이와 연정이가 학교 교문 앞에서 만나 같이 시계를 정확히 맞추어 놓고, 같은 주 목요일 오후에 만나 둘의 시계를 비교해 보니 은진이의 시계는 8시였고, 연정이의 시계는 8시 30분이었다. 두 시계의 시각을 처음 정확히 맞추었을 때는 무슨 요일 몇 시 몇 분이었는지 구하여라.

나의 생각

결과는?

06 어느 병원에서의 환자 한 명당 진료시간은 45분이다. 진료는 한 번에 한 명씩만 하고, 점심시간에는 진료를 하지 않는다. 어느 날 병원에 온 환자의 수가 다음 표와 같을 때, 마지막 환자의 진료가 끝나는 시각까지 기다리는 환자가 한 명도 없는 시간은 총 몇 분인가? (단, 병원 문을 여는 시각은 오전 10시이고, 점심시간은 오후 1시에서 2시까지이다.)

병원에 온 시각	환자 수
오전 10시	2명
10시 35분	1명
11시 40분	1명
오후 12시	1명
12시 35분	1명
2시 15분	2명
3시 30분	2명
4시 10분	1명
5시 5분	1명

나의 생각

결과는?

예시답안 p.80

07

맛나뷔페 레스토랑에 새로 들어온 견습 요리사 민혁이는 다음 그림과 같은 테이블 위의 접시에 조리된 음식을 담아 놓아야 한다.

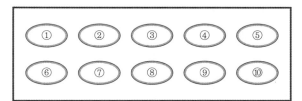

민혁이는 주방장에게 어느 위치에 어떤 음식을 놓아야 할지 물어보았더니 주방장은 민혁이에게 다음과 같은 쪽지를 주었다. 민혁이는 어느 위치에 어떤 음식을 놓아야 할까?

1. ⑤번 접시 맞은 편 접시의 옆에 놓을 음식은 돈까스이다.
2. 피자를 놓을 접시의 번호보다 샐러드를 놓을 접시의 번호가 크다.
3. 잡채가 놓일 접시의 양 옆에는 김치와 불고기를 놓는다.
4. 샌드위치와 잡채는 서로 마주 보게 놓는다.
5. 김밥과 스테이크는 가장 멀리 떨어지게 놓는다.
6. 호박전 바로 옆에는 김치를 놓는다.
7. 스테이크와 돈까스 사이에는 음식 2가지를 놓는다.
8. 샐러드와 피자 사이에는 음식 1가지를 놓는다.

나의 생각

결과는?

08

어느 편의점에서 2주 동안 팔린 초코우유의 개수와 딸기우유의 개수를 조사하였더니 팔린 개수의 비가 지난 주에는 2 : 3, 이번 주에는 7 : 4였다. 이 때, 2주 동안 팔린 초코우유와 딸기우유의 개수의 비가 3 : 4였다면 다음 중 편의점에서 2주 동안 팔린 초코우유와 딸기우유의 개수의 합이 될 수 있는 수를 모두 구하여라.

28	42	54	60	63	70	91	104	168	182

나의 생각

결과는?

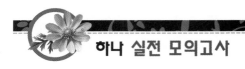

09 다음 그림은 개미가 지나가는 미로를 나타낸 것이다. 미로의 각 길이 만나는 교차점에는 초코칩쿠키가 떨어져 있고, 개미가 이 초코칩쿠키를 먹으려고 미로의 각 교차점을 지나려고 한다. 이 때, 출발점을 출발하여 모든 초코칩쿠키를 먹었다면 마지막에 도착할 수 있는 교차점은 모두 몇 군데인지 구하여라. (단, 개미는 각 교차점을 한 번씩만 지난다.)

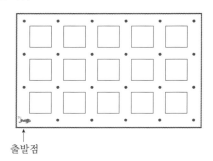

출발점

나의 생각

결과는?

10 에이급마트에는 소형 자동차와 중형 자동차가 각각 300대, 380대가 들어가는 주차장이 있다. 이 주차장에서 자동차가 5대씩 나갈 때마다 다음과 같이 자동차가 들어온다. 이 주차장에 자동차가 꽉 차 있는 상태에서 자동차가 가장 적게 남을 때까지 이런 과정을 여러 번 거친다면 남는 자동차는 총 몇 대인지 구하여라.

마트에서 나간 자동차(대)		마트에 들어온 자동차(대)	
소형 자동차	중형 자동차	소형 자동차	중형 자동차
5	0	3	0
4	1	2	0
3	2	1	1
2	3	0	2
1	4	3	1
0	5	0	3

나의 생각

결과는?

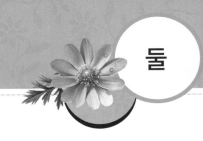

실전 모의고사

01 강팔체육관에서는 팔씨름대회를 열어 우승자 1명에게 상품을 주기로 했다. 팔씨름대회는 토너먼트 방식으로 이루어졌고, 여러 동네에서 도전자들이 몰려와 1명의 우승자가 결정되기까지 모두 57번의 팔씨름시합을 하였다. 이 때, 팔씨름대회에 참여한 사람은 모두 몇 명인지 구하여라. (단, 토너먼트 방식은 경기를 할 때마다 진 사람은 제외하고 이긴 사람만 올라가는 방식이다.)

나의 생각

결과는?

02 가로의 길이가 180 cm이고, 세로의 길이가 90 cm인 직사각형 모양의 호박엿이 있다. 가로에는 10등분선, 12등분선, 15등분선을 각각 긋고, 세로에는 6등분선, 15등분선을 각각 긋는다. 이 선들을 따라 호박엿을 자른 뒤 한 사람에게 한 조각씩 나누어 주면 모두 몇 명에게 나누어 줄 수 있는지 구하여라.

나의 생각

결과는?

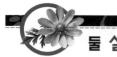
03 연아는 해외여행을 하기 위해 비행기를 탔다. 그런데 연아가 탄 비행기의 승무원 중에는 항상 거짓말만 하는 가짜 승무원이 섞여 있다고 한다. 연아는 지나가는 외국인 승무원에게 "당신은 진짜 승무원입니까?"라고 물었으나 연아는 외국인 승무원이 뭐라고 대답하는지 잘 알아듣지 못했다. 그래서 연아는 다시 지나가는 한국인 승무원에게 "방금 전 외국인 승무원이 뭐라고 대답했습니까?"라고 물었더니 한국인 승무원은 "자신은 진짜 승무원이라고 했습니다."라고 말하였다. 이 경우 연아가 대화를 나눈 외국인 승무원과 한국인 승무원은 각각 진짜 승무원인지 가짜 승무원인지 서술해 보아라.

나의 생각

결과는?

04 호그와트 기숙사는 규칙이 엄격하여 9시 이후에는 복도로 나올 수 없다. 복도가 너무 복잡하여 간혹 규칙을 어기는 학생들을 감시하기가 어렵기 때문에 감시 카메라를 설치하기로 하였다. 다음 그림의 A~H는 감시 카메라가 설치 가능한 곳의 위치이고, 선은 복도를 나타낸다. 360° 회전이 가능한 감시 카메라를 가장 적게 설치하여 모든 복도를 감시하려면 A~H 중 어느 위치에 카메라를 설치해야 하는지 모두 구하여라.

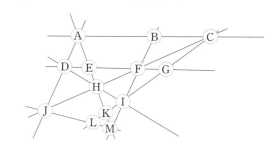

나의 생각

결과는?

05 맛있기로 소문난 달콤제과점 진열장에 케이크가 30개 있다. 첫 케이크가 판매된 후 8분마다 케이크가 한 개씩 팔리고, 12분마다 새로 구운 케이크 한 개를 진열장에 넣는다. 진열장에 케이크가 한 개도 남지 않게 되면 가게 문을 닫는다고 할 때, 달콤제과점 주인은 첫 케이크가 팔린 후 몇 분이 지나 가게 문을 닫겠는가?

나의 생각

결과는?

06 5쌍의 커플 가, 나, 다, 라, 마, 바, 사, 아, 자, 차 10명이 있다. 지원, 유민, 서경, 준희는 이 5쌍의 커플을 보고, 누가 먼저 사귀자고 했을지 다음과 같이 예상하였다. 라와 커플인 사람은 누구인지 알아맞춰 보아라.

| 지원 : 마, 사, 자, 차, 다 | 유민 : 마, 사, 차, 바, 가 |
| 서경 : 마, 라, 바, 나, 다 | 준희 : 아, 나, 바, 차, 가 |

나의 생각

결과는?

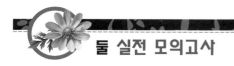

07 지은이의 아버지와 큰아버지는 설날에 세뱃돈을 주기 위하여 각각 세 개의 봉투에 서로 다른 장수로 세뱃돈을 넣었다. 지은이의 아버지와 큰아버지가 준비한 세 개의 봉투에 들어 있는 돈의 장수의 곱은 각각 90씩이고, 큰아버지가 준비한 세뱃돈의 장수의 합과 아버지가 준비한 세뱃돈의 장수의 합은 같았다. 이 때, 큰아버지가 준비한 봉투 중 가장 장수가 많은 봉투는 아버지가 준비한 각각의 봉투에 들어 있는 돈의 장수보다 많았다. 아버지와 큰아버지가 준비한 봉투에 들어 있는 세뱃돈의 장수는 각각 몇 장씩인가?

나의 생각

결과는?

08 김치를 한국적 식품으로 내세워 수출하기 위하여 김치만들기대회를 개최하였다. 총 참가자 수는 41명이고, 심사위원으로 김치 연구가 3명을 초빙하였다. 그런데 준비요원의 실수로 대회장에 시식용 젓가락을 준비하지 못하여 비닐봉지를 이용하여 김치를 시식하려고 한다. 정확한 시식을 위하여 참가자 A가 만든 김치를 먹는 데 사용한 비닐봉지에 양념이 묻어 있는 면은 참가자 B가 만든 김치를 시식하는 데 사용해서는 안된다. 또, 한 심사위원이 시식하는 데 사용한 비닐봉지는 다른 심사위원이 사용하지 않으며 심사위원들은 자신들의 손에 양념이 묻는 것을 원치 않는다고 한다. 3명의 심사위원이 만들어진 김치를 모두 시식하기 위해 필요한 비닐봉지의 개수는 최소 몇 장인가?

나의 생각

결과는?

▶ 예시답안 p.82

09 다음 그림과 같은 거미줄에 벌레 9마리가 붙어있다. 이 벌레들을 이어서 직선을 그어보면 3마리씩 한 직선 위에 있고, 이러한 직선이 모두 10개가 생긴다. 벌레들이 어떻게 붙어있는지 거미줄 위에 그려보아라.

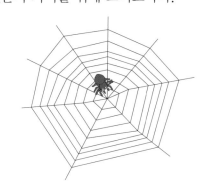

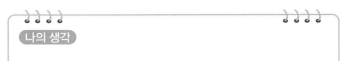

나의 생각

결과는?

10 6명의 친구가 한 번에 과자 2개를 걸어놓고, 두 명씩 뛰어가서 과자를 따 먹는 게임을 하였다. 모든 친구와 한 번씩만 게임을 하고, 먼저 뛰어갈 경우 2개의 과자를 먹을 수 있으며 둘이 동시에 도착하면 각자 1개씩의 과자를 먹을 수 있다. 게임이 끝난 후 6명이 먹은 과자의 개수는 모두 달랐으며 각자 2개 이상은 먹었다. 1등을 한 친구는 과자를 1개만 먹은 경우가 없었고, 3등을 한 친구는 과자를 못 먹은 경우가 없었다. 또, 5등을 한 친구는 과자를 2개 먹은 경우가 없었을 때, 1등에서 6등까지 먹은 과자의 개수를 각각 구하여라.

나의 생각

결과는?

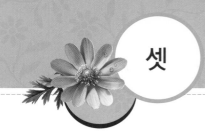

실전 모의고사

셋

01 1에서 1299까지의 수를 나열하여 다음과 같이 한 자리씩 숫자를 센다면 1299의 일의 자리의 숫자 9는 몇 번째 숫자가 되겠는가?

> 1,   2,   …,   1 0,   1 1,   …
> ↑   ↑   ↑ ↑   ↑ ↑
> 첫   두   열 열   열 열
> 번째   번째   번째 한   두 세
>   번째 번째 번째

나의 생각

결과는?

02 정희가 크리스마스 카드 8장을 사러 문방구점에 갔더니 8가지 종류의 카드를 몇 가지 종류씩 묶어서 세트로 팔고 있었다. 정희가 8가지 종류의 카드를 모두 한 장씩 8장을 사려면 어떤 세트들을 사야 하겠는가? (단, 한 세트에 한 가지 종류의 카드는 한 장씩만 들어 있다.)

- 1번 카드는 A, E 세트에 들어 있다.
- 2번 카드는 B, D, F 세트에 들어 있다.
- 3번 카드는 C, E, G 세트에 들어 있다.
- 4번 카드는 A, F 세트에 들어 있다.
- 5번 카드는 B, D 세트에 들어 있다.
- 6번 카드는 D, E, G 세트에 들어 있다.
- 7번 카드는 C, F 세트에 들어 있다.
- 8번 카드는 B, C 세트에 들어 있다.

나의 생각

결과는?

▶ 예시답안 p.83

03

다음 그림과 같이 세 변의 길이가 각각 a, b, c인 삼각형 ABC가 있다. $a^2-39b^2-c^2+10ab+16bc=0$일 때, $a+c=3b$임을 증명하여라.

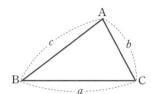

나의 생각

결과는?

04

어머니손맛 만두공장에서는 주문이 온 만큼의 만두를 만들어 팔고 있다. 설날을 앞두고 주문 온 만두를 만드는 데 사람이 손으로 빚을 때는 50명에서 40일이 걸린다. 배송일의 40일 전에 50명의 사람들이 만두를 빚기 시작하였고, 만두 빚기를 시작한 지 5일 후부터는 배송일보다 일주일 일찍 끝내기 위하여 만두 빚는 기계도 사용하기로 하였다. 그런데 기계를 사용하기 시작한 날 몇 사람이 일을 그만두어 결국 배송일에 맞추어 주문량만큼의 만두를 빚을 수 있었다. 일을 그만둔 사람은 몇 명이겠는가?

나의 생각

결과는?

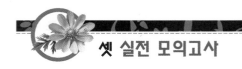

05 다음은 극장용 애니메이션을 제작하는 데 필요한 각각의 작업시간과 선행작업을 나타낸 것이다. 이 제작 과정이 끝나면 바로 애니메이션을 상영할 수 있다고 할 때, 기획부터 극장에 상영되기까지는 최소 몇 주가 걸리는지 구하여라.

작업	기획	시나리오	구상	성우교섭	스토리보드제작
작업시간(주)	4	16	3	2	2
선행작업	없음	기획	시나리오	시나리오	구상

작업	작화드로잉	사운드작업	페인팅작업	특수효과	편집
작업시간(주)	22	3	6	4	3
선행작업	스토리보드제작	스토리보드제작	작화드로잉	페인팅작업	특수효과

작업	홍보물제작	극장섭외	더빙	홍보
작업시간(주)	1	2	2	3
선행작업	특수효과	특수효과	편집	홍보물제작, 극장섭외

나의 생각

06 개구리가 저녁 식사감으로 메뚜기를 잡았다. 메뚜기는 꾀를 내어 달리기시합에서 자신이 이기면 놓아달라고 하였고, 개구리는 메뚜기의 제안을 받아들여 달리기시합을 하기로 하였다. 개구리와 메뚜기는 한 번 뛸 때마다 각각 20 cm, 15 cm씩 가고, 개구리가 3번 뛰는 동안에 메뚜기는 4번 뛴다. 개구리와 메뚜기가 한 번에 뛰는 거리는 시합이 끝날 때까지 변하지 않고, 출발점에서 4 m되는 곳까지 갔다가 되돌아오는 달리기일 때, 이 시합에서 이기는 쪽은 어느 쪽인지 구하여라.

나의 생각

결과는?

결과는?

▶ 예시답안 p.83

07 절대반지를 수호하던 호비트는 반지를 노리면서 그를 따라다니던 골룸의 속임수에 넘어가 무시무시한 오크가 살고 있는 지하동굴에 갇히게 되었다. 지하동굴에는 9개의 커다란 돌이 다음과 같이 있고, 검게 칠해진 돌 위에 호비트가 있다. 호비트는 45°의 각도로 3번 회전하여 4개의 직선 모양이 되도록 움직여서 9개의 돌을 모두 밟고 지나가야 오크에게 잡히지 않고 지하동굴을 탈출할 수 있다. 과연 호비트는 무시무시한 오크에게 잡히지 않고 지하동굴을 탈출할 수 있겠는가? (단, 이웃하는 돌들 사이의 간격은 모두 같다.)

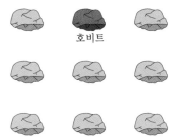
호비트

나의 생각

결과는?

08 쌍둥이 자매 지은이와 정은이는 다른 쌍둥이 네 쌍과 인터넷에서 알게된 후 처음으로 쌍둥이 빌딩 앞에서 모임을 가졌다. 쌍둥이들은 모두 2명씩이며 자신과 쌍둥이인 사람을 제외한 다른 사람들과 인사를 주고받았고, 한 사람과 두 번 이상 인사를 주고받지 않았다. 지은이가 정은이를 포함한 다른 사람들에게 모두 몇 번씩 인사를 주고받았느냐고 물었더니 9명이 전부 인사를 주고받은 횟수가 달랐다. 과연 지은이는 몇 번 인사를 주고받았겠는가?

나의 생각

결과는?

09 다음은 윤호, 민호, 유미, 범이, 승현이의 혈액형에 대해 설명한 것이다. 5명 각각의 혈액형을 알아내어 보아라.

- 윤호가 A형이 아니라면 승현이는 O형이다.
- 민호가 A형이면 승현이는 B형이다.
- 범이는 윤호, 민호, 유미, 승현이 모두에게 수혈받을 수 있는 혈액형이다.
- 민호와 유미가 결혼하면 윤호와 범이의 혈액형과 같은 혈액형인 자식을 낳을 수 있다.
- 윤호는 민호, 유미, 범이 모두에게 수혈받을 수 없다.
- 범이와 같은 혈액형을 가진 사람은 없다.

나의 생각

결과는?

10 다음 그림과 같이 서로 다른 16장의 카드가 있다. 이 때, 4장의 카드를 주어진 **조건**에 맞게 고를 수 있는 방법은 모두 몇 가지인가?

조건

① 4장의 카드의 테두리 모양은 모두 다르다.
② 4장의 카드의 안에 그려진 모양은 모두 다르다.
③ 4장의 카드의 안에 그려진 모양의 무늬는 모두 다르다.

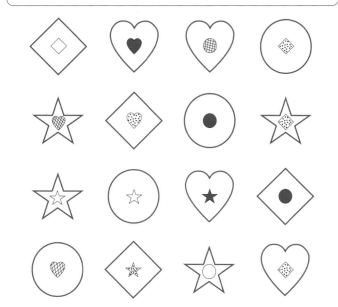

나의 생각

결과는?

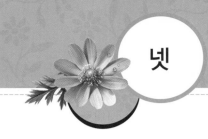

실전 모의고사

넷

01

양상추, 양배추, 양파, 파프리카, 방울토마토, 사과, 키위, 바나나의 8가지 재료로 샐러드를 만들려고 한다. 양배추는 양상추, 양파, 사과의 맛과 어울리지 않고, 양파는 파프리카, 바나나, 사과의 맛과 어울리지 않으며 키위는 사과, 양배추, 바나나의 맛과, 바나나는 양상추, 파프리카, 양배추의 맛과, 방울토마토는 양배추, 파프리카, 양파의 맛과 어울리지 않는다고 한다. 8가지 재료를 모두 한 번씩 써서 어울리는 맛끼리만 샐러드를 만들 때, 최소 몇 가지의 샐러드를 만들 수 있겠는가?

나의 생각

결과는?

02

지승, 승민, 지윤, 태호는 게임 CD를 사 와서 태호네 집에 모여 함께 게임을 하기로 했다. 게임 CD를 지승이는 2장, 승민이와 지윤이는 각각 3장씩 사왔다. 태호는 게임 CD를 사오지 않았으나 친구들이 사온 게임 CD로 게임을 할 것이기 때문에 그만큼 돈을 내겠다고 했다. 친구들이 사온 게임 CD는 1장당 모두 같은 가격이었고 태호는 12000원을 낸다고 할 때, 태호가 낸 돈을 나머지 세 친구들이 어떻게 나누어 가져야 공평하겠는가?

나의 생각

결과는?

03 뒷면이 각각 검은색, 파란색, 초록색인 세 세트의 타로카드가 있다. 이 중 6장을 선택하여 3장은 앞면이 오도록, 나머지 3장은 뒷면이 오도록 다음과 같이 늘어놓았다. 뽑혀진 6장의 카드 중 뒷면이 초록색인 카드의 앞면은 모두 광대 그림이 있는지를 알아보려고 할 때, 꼭 뒤집어서 확인해야 하는 카드의 번호를 모두 써라.

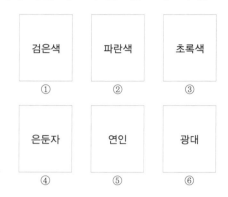

결과는? _____

04 에이급병원에서는 새로운 지역에 신축한 병원의 병실에 호수를 정하기로 하였다. 고객들이 좋아하지 않는 숫자 4는 사용하지 않고, 1부터 차례대로 다음과 같이 병실의 호수를 정해나갔더니 마지막 병실의 호수가 303호실이었다. 신축한 병원에는 모두 몇 개의 병실이 있는지 구하여라.

$$1, 2, 3, 5, 6, 7, 8, 9, 10, 11, 12, 13, 15, \cdots, 303$$

결과는? _____

05 다음 재열이의 일기를 보고, 게임에 참가한 학생 수와 재열이의 순위를 각각 구하여라.

> 오늘 체육시간에 계단빨리올라갔다내려오기 게임을 했다.
>
> 게임 초반에는 내 앞에 여러 명의 친구들이 있었고, 내 뒤에도 여러 명의 친구들이 있었다.
>
> 계단을 $\frac{2}{3}$쯤 올라갔을 때 7명의 친구들이 나와 반대 방향으로 스쳐 지나갔고, 나는 힘을 내서 계단을 더 빠르게 올라 4명의 친구들을 추월했지만 다시 2명의 친구들에게 추월당하고 말았다.
>
> 계단을 거의 다 올라갔을 무렵 4명의 친구들이 나와 반대 방향으로 스쳐 지나갔고, 내가 계단을 다 오른 후 계단을 내려오기 시작했을 때 3명의 친구들이 나와 반대 방향으로 스쳐 지나갔다. 계단을 내려오면서 다시 11명의 친구들이 나와 반대 방향으로 스쳐 지나갔다. 나는 막바지에 있는 힘을 다하여 5명의 친구들을 추월하고, 한 명의 친구에게 추월당하자마자 골인하였다.

나의 생각

결과는?

06 다음 그림과 같이 삼각형에 순서대로 선을 그어 나갈 때, 규칙을 찾아내어 42번째 오는 도형에는 크고 작은 삼각형이 모두 몇 개 있는지 구하여라.

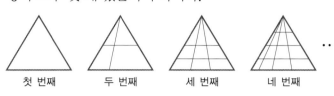

첫 번째   두 번째   세 번째   네 번째   ···

나의 생각

결과는?

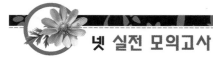

07 민정, 소민, 재희, 동혁, 연석이는 곤충채집으로 메뚜기를 잡았다. 곤충채집의 결과가 다음과 같을 때, 민정, 소민, 재희, 동혁, 연석이가 잡은 메뚜기의 수를 각각 구하여라.

- 메뚜기를 한 마리도 못 잡은 학생은 없었다.
- 5명이 잡은 메뚜기는 모두 15마리이다.
- 민정이와 연석이가 잡은 메뚜기 수의 합과 소민이와 재희가 잡은 메뚜기 수의 합은 같았다.
- 소민이와 연석이가 잡은 메뚜기 수는 재희와 동혁이가 잡은 메뚜기 수보다 많았다.
- 민정이와 소민이가 잡은 메뚜기 수는 재희와 연석이가 잡은 메뚜기 수보다 많았다.
- 동혁이가 가장 많은 메뚜기를 잡았다.

나의 생각

결과는?

08 진 교수는 학교에 있을 때 수업 외의 시간은 교수실에서 지낸다. 교수실 문 앞에는 문제가 적혀 있어서 그 문제를 푼 사람만이 들어갈 수 있다. 인터뷰를 하기 위해 찾아온 박 기자는 문제를 풀고 안으로 들어갔다. 문제의 내용이 다음과 같을 때, 박 기자가 구한 답은 무엇인가?

〈문제〉
가로 5칸, 세로 5칸인 정사각형에 11에서 35까지의 자연수를 가로, 세로, 대각선의 숫자의 합이 같도록 써 넣어라.

나의 생각

결과는?

09 초등학생인 민아, 은정, 세희, 빈우는 신체검사 결과 키가 124 cm로 똑같아서 몸무게를 물었더니 빈우가 이렇게 대답하였다.

"내 몸무게와 민아의 몸무게의 합은 은정이의 몸무게와 세희의 몸무게의 합과 같고, 민아의 몸무게의 일의 자리 숫자와 십의 자리 숫자를 바꾼 수에서 세희의 몸무게의 일의 자리 숫자와 십의 자리 숫자를 바꾼 값을 뺀 수의 제곱은 은정이의 몸무게의 일의 자리 숫자와 십의 자리 숫자를 바꾼 값과 같아."

이것만으로 모르겠어서 다시 한 번 더 물어보니 은정이가 이렇게 대답했다.

"나랑 세희만 표준 체중이고, 표준 체중과의 차가 2 kg이 넘는 사람은 없어."

표준 체중은 (키－100)×0.9 kg에서 ±4 kg 이내일 때, 빈우의 몸무게를 구하여라. (단, 몸무게는 모두 정수이다.)

나의 생각

결과는?

10 지훈, 예빈, 은미, 보영, 윤재 5명이 한 줄로 순서대로 서있다. 5명의 눈을 안대로 가리고 청색기 3개와 백색기 4개 중 임의로 하나씩 골라 머리 위로 흔들도록 한다. 안대를 풀었을 때 5명 모두 자기 자신의 깃발 색깔을 볼 수 없고, 윤재는 지훈, 예빈, 은미, 보영이의, 보영이는 지훈, 예빈, 은미의, 은미는 지훈, 예빈이의, 예빈이는 지훈이의 깃발 색깔만을 볼 수 있다. 서로 상의할 수 없는 상태에서 윤재, 보영, 은미, 예빈, 지훈이의 순서로 각자 가지고 있는 깃발의 색깔을 물어봤을 때, 은미 또는 보영 또는 윤재가 자기 자신의 깃발 색깔을 맞힐 확률은?

나의 생각

결과는?

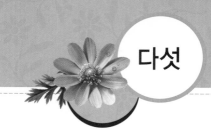
01 $25 \times 24 \times 23 \times 22 \times 21 = 6375600$은 끝자리에 0이 2번 계속된다. 이와 같이 다음 수를 계산하면 끝자리에 0이 59번 계속될 때, 자연수 k의 최소값과 최대값을 각각 구하여라.

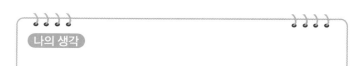

$$k \times (k-1) \times (k-2) \times \cdots \times 3 \times 2 \times 1$$

나의 생각

결과는?

02 7명의 어린이 민아, 소윤, 은수, 예린, 혁진, 정인, 수호가 모여서 자신과 서로의 애완동물에 대해 이야기하고 있다. 7명의 어린이들은 각각 한 마리씩의 애완동물을 키우고 있으며 그 종류는 고양이, 강아지, 햄스터이다. 다음의 이야기 중 한 명의 어린이만 거짓말을 할 때, 누가 거짓말을 하고 있는지 알아내고, 7명의 어린이가 각각 키우는 애완동물의 종류를 알아내어라.

민아 : 소윤이와 혁진이는 고양이를 키우고 있어.
소윤 : 은수와 수호는 같은 동물을 키우고 있어.
은수 : 민아, 예린, 정인이 중 햄스터를 키우는 아이는 한 명이야.
예린 : 나, 소윤, 정인이는 모두 다른 동물을 키우고 있어.
혁진 : 나와 같은 동물을 키우는 아이는 민아뿐이야.
정인 : 민아와 예린이는 나와 다른 동물을 키우고 있어.
수호 : 은수와 정인이는 강아지를 키우고 있어.

나의 생각

결과는?

03 독수리 5형제 1호기, 2호기, 3호기, 4호기, 5호기가 각각 가지고 있는 연료를 합하면 400 L이다. 처음에 1호기는 나머지 4명의 연료의 양이 각각 가지고 있던 양의 두 배가 되도록 자신의 연료를 나누어 주었다. 그 다음에 2호기도 1호기와 같이 나머지 4명의 연료의 양이 각각 가지고 있던 양의 두 배가 되도록 자신의 연료를 나누어 주었다. 같은 방법으로 3호기, 4호기, 5호기도 차례로 자신의 연료를 나누어 주었더니 마지막에는 모두가 가진 연료의 양이 같아졌다. 맨 처음 연료를 나누기 전에 각각 가지고 있던 연료의 양은 몇 L씩이었는지 구하여라.

결과는?

04 카모는 A대학 화학과 연구실의 조교이다. 이번 학기에 연구실에서 사용할 27가지의 시약을 새로 들여왔는데 이 시약들은 모두 무색 무취이며 똑같은 병에 같은 양씩 들어 있었다. 카모는 이 각각의 병들에 들어 있는 시약의 이름을 붙여야 하는데 다른 연구생이 들어와 시약병을 뒤죽박죽 섞어 버렸다. 실험에 시약을 잘못 사용할 경우 큰 폭발이 일어날 위험이 있으므로 실험이 있기 전에 반드시 제대로 된 이름을 병에 붙여야 한다. 다행히도 연구실에는 27가지의 시약들 중 각각 한 가지씩에만 반응하는 약물이 27종류가 있다. 카모가 이 약물들을 사용하여 시약병에 제대로 된 이름을 붙이려면 최대 몇 번이나 시약병에 약물을 넣어봐야 하겠는가?

결과는?

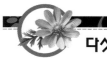
05 축제에 나갈 반 대표를 뽑기 위해 선아, 준희, 민우, 태하, 정수, 은주는 음악실에서 노래 연습을 했다. 이들은 2명씩 듀엣으로 노래를 불렀는데 한 번 듀엣으로 노래를 불렀던 사람과는 다시 부르지 않았다고 한다. 선아는 5명과 노래를 불렀고, 준희와 민우는 각각 3명, 태하는 2명, 정수는 1명과 노래를 불렀다고 할 때, 은주는 최소 몇 명과 노래를 불렀겠는가?

나의 생각

결과는?

06 뽀글이라면 공장에는 라면과 봉지가 운반되는 길이가 80 m인 벨트 컨베이어가 각각 있다. 라면과 봉지가 동시에 벨트 컨베이어에 올려졌을 때, 라면과 봉지가 동시에 도착해야 포장이 편리하지만 항상 봉지가 라면보다 5 m씩 일찍 도착했다. 이를 본 공장장은 라면 쪽의 벨트 컨베이어는 그대로 두고 봉지 쪽의 벨트 컨베이어의 길이만 85 m가 되도록 바꿨다. 두 벨트 컨베이어의 속도가 변함이 없다면 라면과 봉지는 동시에 도착하게 될지, 아니면 둘 중 어느 것이 먼저 도착하게 될지 설명해 보아라.

나의 생각

결과는?

→ 예시답안 p.87

07 다음 그림의 나비들은 같은 규칙으로 각 부분에 알맞은 수를 써 넣은 것이다. 세 마리의 나비들을 보고, 네 번째 나비의 빈 칸에 알맞은 수를 써 넣어라.

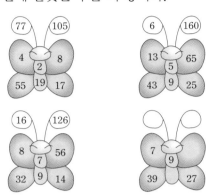

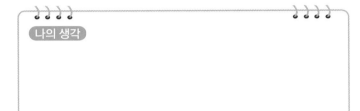

나의 생각

결과는?

08 선화네 집 마당의 모양은 다음 그림과 같고, 색칠한 부분에는 잔디가 심어져 있다. 잔디가 심어져 있는 부분의 넓이를 구하여라.

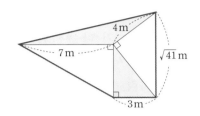

나의 생각

결과는?

09 어머니가 간식으로 만들어 놓은 54개의 쿠키를 가지고 보경이와 자영이가 게임을 하려고 한다. 이 게임의 규칙은 한 번에 쿠키를 1개에서 4개까지 먹을 수 있고, 마지막 쿠키를 먹는 사람이 지는 것이다. 보경이가 쿠키를 먼저 먹고, 자영이가 나중에 먹는 것을 번갈아가며 할 때, 보경이가 반드시 이기려면 보경이는 어떻게 해야 하는지 설명해 보아라.

나의 생각

10 에이급학원에는 1반부터 8반까지의 8개의 반이 있고, 수학을 가르치는 4명의 선생님 a, b, c, d가 있다. 한 반을 4명의 선생님 중 한 선생님이 가르칠 때, 각 선생님들이 가르치는 반을 알아보아라.

(i) a 선생님과 4반을 가르치는 선생님은 같은 여고 출신이다.
(ii) b 선생님은 1반을 가르치는 선생님의 오빠이고, 6반을 가르치는 선생님의 후배이다.
(iii) c 선생님과 8반을 가르치는 선생님은 오늘 오후 4시에 함께 커피를 마셨다.
(iv) 3반을 가르치는 선생님이 오늘 몸이 아파 결근하여 a 선생님과 d 선생님이 한 반씩 대신 수업을 해 주었다.
(v) 3반, 6반, 7반을 가르치는 선생님들만 남자선생님이다.
(vi) 연속된 숫자의 두 반을 가르치는 선생님은 a 선생님뿐이다.
(vii) 오늘 오후 4시에 5반을 가르치는 선생님은 수업이 있었고, d 선생님은 없었다.

나의 생각

결과는?

결과는?

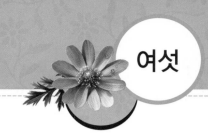

실전 모의고사

여섯

01 서울 시청에서는 '아름다운 도시, 깨끗한 도시' 라는 슬로건을 내걸고, 그 일환으로 제일 먼저 시청의 한 벽면에 벽화 작업을 하려고 한다. 이 벽화 작업을 윤지, 상미, 기환 세 사람이 함께 하면 14일이 걸리고, 윤지와 기환 두 사람이 함께 하면 20일이 걸린다고 한다. 이 때, 상미가 혼자 일한다면 최소 며칠 동안 해야 벽화 작업을 완성하겠는지 구하여라.

나의 생각

결과는?

02 구름, 꽃, 해, 별, 나비 모양이 각각 그려진 다섯 종류의 블록이 있다. 다음과 같이 종이 위에 25칸을 그려넣고, 한 칸에 블록 한 개씩을 올려 놓는다. 한 개의 블록을 넘어뜨리면 가로, 세로, 대각선 방향에 있는 나머지 네 개의 블록들도 모두 넘어진다. 블록 한 개를 넘어뜨릴 때 넘어지는 다른 블록들에는 서로 다른 모양의 블록만 있도록 빈 칸에 놓여질 블록들의 모양을 그려넣어라.

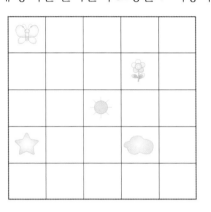

나의 생각

결과는?

03 어느 지역의 길거리 농구팀들이 서로 두 팀씩 짝을 지어 친선 경기를 하려고 한다. 경기의 횟수는 모두 1168번이고, 한 팀과는 한 경기만 한다고 한다. 각 팀의 경기 횟수가 모두 같지는 않다고 할 때, 참가한 팀은 최소 몇 팀인지 구하여라.

나의 생각

04 인구 수가 180명인 오즈의 섬에는 스머프족, 가가멜족, 마법사족의 세 종족이 살고 있다. 스머프족은 버섯집에 살면서 늘 진실만을 말하고, 가가멜족은 오두막집에 살면서 늘 거짓말만 한다. 또, 마법사족은 거울집에 살면서 자신들이 하는 말은 무슨 말이든 진실로 만든다. 효과적으로 섬을 관리하기 위하여 세 개의 구역으로 나누었더니 세 구역의 인구 수는 모두 같았다. 한 구역에는 한 종족만 들어가 있었고, 다른 한 구역에는 두 종족이 똑같이 들어가 있었다. 또, 나머지 한 구역에는 세 종족이 모두 똑같이 들어가 있었다. 각 구역에 살게 된 사람들에게 어떤 집에 살 것인지 물었더니 1구역에 살게 된 사람들은 "나는 버섯집에서 살거야."라고 말했고, 2구역에 살게 된 사람들은 "나는 오두막집에서 살거야."라고 말했다. 또, 3구역에 살게 된 사람들은 "나는 거울집에서 살거야."라고 말했을 때, 이 대답으로 각 집에 살게 될 종족 수를 추론해 보아라.

나의 생각

결과는?

결과는?

05 국립암연구소에서는 암세포 연구를 위해 암세포를 배양하는 실험을 하고 있다. 새로 생긴 암세포 1개는 2주일이 지나면 2개가 되고, 그 뒤로 1주일에 1개씩 늘어난다. 암연구소에서 실험을 위해 실험 시작 당일에 생긴 1개의 암세포를 배양하기 시작했고, 암세포가 10000개 이상이 되면 실험을 중지하려고 한다. 실험 시작 후 몇 주가 지나면 실험을 중지하겠는가?

> 나의 생각

결과는?

06 어느 서점에 다음과 같은 문구가 걸려 있다.

> 서점 주인과 게임을 하여 이기는 사람에게 책을 공짜로 드립니다. 게임의 규칙은 다음과 같습니다.
> • 책장에 일렬로 35권의 책이 꽂혀 있습니다.
> • 두 사람이 번갈아가며 한 번에 책을 1권 또는 서로 붙어 있는 2권을 가져갈 수 있습니다.
> • 맨 마지막에 남은 책을 가져가는 사람이 게임에서 이깁니다.

똘똘이가 게임에 도전을 하여 반드시 서점 주인을 이길 수 있는 방법을 설명해 보아라.

> 나의 생각

결과는?

07 다음 그림과 같은 모양의 섬에 세 선착장 A, B, C가 있다. 이 섬에 지호와 태희가 놀러 왔다가 섬을 나가려고 한다. 지호와 태희가 섬의 어느 부분에 있을 때, 세 선착장 A, B, C 중 어느 선착장을 이용하는 것이 가장 가까운지 영역을 나누어 설명하여라. (단, 선착장의 배는 손님이 오면 바로 출발한다고 한다.)

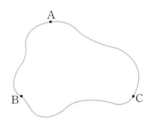

나의 생각

결과는?

08 바구니 안에 크기와 모양이 같은 딸기맛 사탕과 사과맛 사탕이 각각 10개 이상 들어 있다. 이 사탕을 잘 섞은 후 이 중 두 개를 임의로 골라 꺼내었을 때, 두 사탕이 같은 맛이면 딸기맛 사탕 1개를 바구니에 넣고, 두 사탕이 다른 맛이면 사과맛 사탕 1개를 바구니에 넣는다. 바구니 안에 1개의 사탕이 남을 때까지 이런 과정을 반복할 때, 항상 사과맛 사탕이 남도록 하려면 맨 처음 바구니 안에 넣어야 하는 딸기맛 사탕과 사과맛 사탕은 각각 몇 개인지 쓰고, 그 이유를 설명해 보아라.

나의 생각

결과는?

09 새벽마다 신문을 배달하는 민기는 신문을 담 너머로 던져서 배달하는데 신문이 상자나 담 위로 떨어지면 배달되지 않은 것으로 간주되어 신문대금을 받을 수 없다. 희수네 집은 구두쇠로 신문대금을 지불하지 않기 위해 높이가 3 m인 담 안쪽으로 한 변이 60 cm인 정육면체 모양의 상자를 위로 5개, 가로로 3개씩 담을 따라 쌓았다. 민기는 4 m의 높이까지 던질 수 있다고 할 때, 희수네 집에 신문을 제대로 배달하여 신문대금을 받으려면 담에서 최소 몇 m 초과하여 떨어진 곳에서 신문을 던져야 하겠는가? (단, 담의 너비는 20 cm이고, 민기의 키는 고려하지 않는다.)

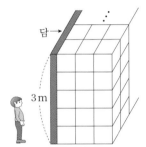

나의 생각

결과는?

10 7명의 난쟁이 몽, 봉, 밍, 맹, 붕, 빙, 뱅은 각각 좋아하는 꽃이 1가지씩 있다. 난쟁이들이 좋아하는 꽃은 서로 다르고, 자신이 좋아하는 꽃을 보면 사지 않고는 못 배긴다. 마을에는 아름, 푸른, 예쁜의 3군데의 꽃가게가 있고, 이 난쟁이들은 마을에 갈 때 꼭 3명씩 가며 3군데의 꽃가게를 모두 1번씩 들린다. 또, 자신이 좋아하는 꽃이 3군데의 꽃가게에 모두 있을 경우 1가게에서 1번씩 꽃을 3번 산다. 아름꽃가게에서는 백합, 튤립, 카라를 팔고, 푸른꽃가게에서는 히아신스, 백합, 후리지아를 판다. 또, 예쁜꽃가게에서는 백합, 카라, 국화를 판다. 난쟁이들 중 장미를 좋아하는 난쟁이가 꼭 있고, 난쟁이 뱅은 안개꽃, 백합, 후리지아 중 한 가지를 좋아한다. 아래의 난쟁이들의 말을 보고, 7명의 난쟁이가 각각 좋아하는 꽃의 종류를 알아내어라.

> 몽 : 나는 봉, 밍을 데리고 마을에 갔지. 우린 아름꽃가게에서 1송이, 푸른꽃가게에서 1송이, 예쁜꽃가게에서 2송이의 꽃을 샀다네. 근데 오늘 나들이는 별로 재미없었네.
> 빙 : 나는 봉 형님, 맹 형님과 함께 마을에 갔어. 우린 아름꽃가게에서 2송이, 푸른꽃가게에서 2송이, 예쁜꽃가게에서 1송이의 꽃을 팔아 주었어. 꽃가게 주인들은 우릴 좋아해.
> 봉 : 나는 몽 형님, 빙과 마을에 갔어요. 우린 아름꽃가게에서 2송이, 예쁜꽃가게에서 1송이를 사서 총 3송이의 꽃을 샀더니 푸른꽃가게 주인이 삐졌어요.
> 맹 : 밍 형님, 뱅, 나는 마을에 가서 푸른꽃가게에서 2송이, 예쁜꽃가게에서 1송이의 꽃을 샀어. 우리 셋은 아름꽃가게를 별로 좋아하지 않아.

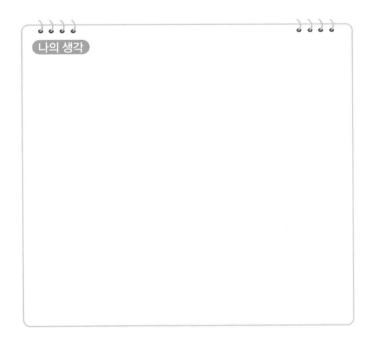

나의 생각

결과는?

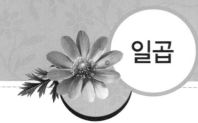
01 다음 그림과 같이 7개의 돌로 만들어진 징검다리가 있다. 정욱이는 현재 A 위에 서 있고, A → B → C → D → E → F → G → F → E → D → …와 같은 순으로 이 징검다리를 건너려고 한다. 이 때, 정욱이가 3150번째에 밟게 되는 돌은 어느 돌인가?

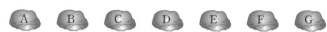
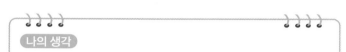

나의 생각

02 싸다마트에서는 개업 5주년을 맞아 만 원 이상 물건을 구입하는 고객들에게 사은품을 증정하는 행사를 하고 있다. 그러나 사은품은 개수가 한정되어 있기 때문에 싸다마트에서 제시한 다음 조건을 만족하는 사은품을 먼저 알아내는 고객에 한해서만 선착순으로 그 사은품을 증정하려고 한다. 싸다마트에서 고객들에게 증정하려는 사은품은 무엇인지 알아보아라.

¤ 싸다마트 사은품 행사 ¤
사은품 후보 : 휴지 24롤, 식용유, 세제, 비누세트, 참치세트, 수건세트, 라면 한 박스
만 원 이상 구매하신 고객 중 다음 조건을 만족하는 사은품을 알아내어 행사진행장으로 오시면 해당 사은품을 드립니다.
1. 휴지 24롤, 식용유, 세제 중 하나만 가져갈 수 있음.
2. 휴지 24롤과 참치세트 중 하나를 꼭 가져가야 함.
3. 참치세트를 가져가려면 식용유와 비누세트도 가져가야 함.
4. 식용유를 가져가지 않으려면 라면 한 박스와 수건세트를 가져가야 함.
5. 비누세트를 가져가려면 세제와 라면 한 박스도 가져가야 함.

나의 생각

결과는?

결과는?

▶ 예시답안 p.91

03 6가구가 살고 있는 마을에 스피커를 설치하려고 한다. 6가구의 위치는 마을회관을 중심으로 정아네 집은 남쪽으로 4 km, 동쪽으로 7 km, 건희네 집은 북쪽으로 4 km, 동쪽으로 6 km, 은혜네 집은 북쪽으로 6 km, 서쪽으로 3 km, 지원이네 집은 남쪽으로 4 km, 서쪽으로 3 km, 윤진이네 집은 북쪽으로 6 km, 동쪽으로 5 km, 나라네 집은 남쪽으로 2 km, 동쪽으로 7 km에 위치해 있다. 스피커는 1개만 설치할 예정이고, 방송이 들리는 거리가 멀수록 비용이 늘어나며 방송은 6가구에 모두 들려야 한다. 마을회관을 기준으로 하여 어느 지점에 스피커를 설치하는 것이 가장 적당하겠는가?

결과는?

04 복길이네 집 지붕의 처마 밑에는 여덟 쌍의 제비부부가 둥지를 틀어 살고 있다. 이 제비부부들은 매일 새끼 제비들에게 먹이를 주기 위하여 애벌레를 잡으러 다닌다. 어느 날 여덟 쌍의 제비부부가 총 8마리의 애벌레를 잡았을 때, 이 중 애벌레를 하나도 잡지 못한 제비부부가 두 쌍이 있는 경우의 가짓수를 구하여라. (단, 한 마리의 제비는 한 마리의 애벌레만 잡을 수 있다.)

결과는?

05 웬디가 피터팬과 함께 네버랜드로 날아가면서 런던탑의 시계를 보았을 때, 오른쪽 그림과 같이 시계 바늘에 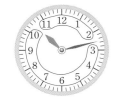 의해 {11, 12, 1, 2}와 {3, 4, 5, 6, 7, 8, 9, 10}의 두 집합으로 나누어지고, 각 집합의 원소의 합의 비는 1 : 2였다. 웬디가 네버랜드에서 돌아온지 35년이 지난 어느 날, 다시 네버랜드로 가는 웬디에게 런던탑의 시계가 말했다.

"네가 15세에 네버랜드에 갔었고, 지금이 50세이기 때문에 내 시계 바늘에 의해 나누어지는 두 집합의 원소의 합의 비가 3 : 10인 동안에는 15세의 모습을 할 것이다." 웬디가 15세의 모습을 하고 있는 시간은 하루에 몇 분인가?

결과는?

06 어느 가게에서 달걀 17판과 오리알 1판을 들여 놓았다. 그런데 가게 주인이 어느 것이 오리알인지 잊어버렸고, 오리알과 달걀은 눈으로는 구분할 수 없다. 오리알이 달걀보다 1.5배 비싸므로 양팔저울을 사용하여 오리알 한 판을 골라내야 한다. 달걀과 오리알의 무게는 각각 일정하고 오리알이 달걀보다 무거울 때, 오리알을 골라내기 위해서는 양팔저울을 적어도 몇 번 사용해야 하는지 쓰고, 그 방법을 설명하여라. (단, 우연히 찾아내는 경우는 생각하지 않는다.)

나의 생각

결과는?

07 달희, 중근, 건욱, 민재, 유빈, 도영, 준혁, 지영, 지혜 9명이 팔씨름 시합을 했다. 서로 8명과 한 번씩 시합을 하였고, 시합 결과 지영이와 중근이가 공동 우승을 했다. 건욱이에게 이긴 사람은 준혁이가 모두 이겼고, 준혁이를 이긴 사람은 유빈이가 모두 이겼다. 무승부는 없었다고 할 때, 예상할 수 있는 지영이의 이긴 횟수를 모두 구하여라.

나의 생각

결과는?

08 고속도로에서의 과속을 방지하기 위하여 경부고속도로의 중간지점인 A_0 지점과 A_0과 부산 방향으로 $1\,\mathrm{m}$ 떨어진 B_0 지점에 과속방지 카메라를 설치한다. 다음 그림과 같이 A_n은 B_{n-1}을 중심으로 $\overline{A_{n-1}B_{n-1}} : \overline{B_{n-1}A_n} = 1 : 2$가 되는 지점으로 잡고, B_n은 A_{n-1}을 중심으로 $\overline{B_{n-1}A_{n-1}} : \overline{A_{n-1}B_n} = 1 : 2$가 되는 지점으로 잡아 A_n, B_n 지점에도 카메라를 설치한다. 이와 같은 방법으로 과속방지 카메라가 설치된 길이 $421\,\mathrm{km}$의 경부고속도로를 이용하여 서울에서 부산까지 가면 카메라를 몇 대나 지나치게 되겠는가?

나의 생각

결과는?

09 민아, 은수, 지희는 1주일 동안 대륙횡단열차를 타고 중국대륙을 이동하려고 한다. 3명이 함께 한 칸에 탔는데 그들이 탄 칸에는 한 사람이 7일 동안 먹을 수 있는 식량을 실을 수 있고, 짐칸 1칸에는 한 사람이 12일 동안 먹을 수 있는 식량을 실을 수 있다. 열차에는 도둑이 많아서 짐을 지킬 일꾼을 짐칸 1칸당 1명씩을 고용해야 하고, 고용된 일꾼에게도 식사를 제공해야 한다. 그리고 도착 전까지 모든 짐칸을 비우고 빈 짐칸의 일꾼은 반대로 가는 열차를 태워 집으로 돌려보내야 한다. 돌아갈 때도 온 만큼의 시간이 걸리고 일꾼에게 이 때의 식량도 제공해야 한다. 열차는 하루에 한 번 정거장에 도착한다고 할 때, 3명이 무사히 여행을 하려면 몇 칸의 짐칸을 빌려야 하는가? (단, 여행에 필요한 음식물은 출발지에서 열차를 타기 전에 모두 실어 놓아야 한다.)

나의 생각

결과는?

10 에이급 TV회사에서 TV의 성능 테스트를 위하여 다음과 같은 순서에 따라 테스트를 한다. 테스트를 마친 후 11번 채널이 켜져 있는 TV는 몇 대인지 구하여라.

> 1번에서 50번까지 차례대로 번호가 붙어 있는 TV의 전원을 모두 컨다.
> 1회 : 50개의 TV의 채널을 모두 6번에 맞춘다.
> 2회 : 2의 배수의 번호가 있는 TV의 채널을 모두 7번에 맞춘다.
> 3회 : 3의 배수의 번호가 있는 TV의 채널이 6번에 맞추어 있으면 7번에 맞추고, 7번에 맞추어 있으면 11번에 맞춘다.
> 4회 : 4의 배수의 번호가 있는 TV의 채널이 6번에 맞추어 있으면 7번에, 7번에 맞추어 있으면 11번에, 11번에 맞추어 있으면 6번에 맞춘다.
> ⋮
> 50회 : 50의 배수의 번호가 있는 TV의 채널이 6번에 맞추어 있으면 7번에, 7번에 맞추어 있으면 11번에, 11번에 맞추어 있으면 6번에 맞춘다.

나의 생각

결과는?

여덟

01 어느 연못에 사는 개구리들은 한 마리당 하루에 1800개의 알을 낳는다. 알은 8일이 지나면 그 중 4할만이 올챙이가 되고, 나머지 알은 떠내려가거나 다른 동물의 먹이가 된다. 또, 올챙이는 4주가 지나면 그 중 15 %만 개구리가 되고 나머지는 죽는다. 지금 연못에는 3마리의 개구리만 있고 알과 올챙이는 없다고 하면, 오늘로부터 40일 후 연못에 있는 개구리를 모두 잡을 경우 몇 마리나 잡을 수 있겠는가?

나의 생각

결과는?

02 싱싱회전초밥집에는 원형 모양의 테이블에 광어, 연어, 도미, 갑오징어, 새우, 참치, 계란말이, 날치알로 만든 8개의 초밥이 각각 한 접시씩 놓여 있다. 광어, 연어, 도미, 새우 초밥은 금색 접시에 놓여 있고, 갑오징어, 참치, 계란말이, 날치알 초밥은 은색 접시에 놓여 있다. 금색 접시와 은색 접시는 서로 번갈아가며 놓여 있다고 할 때, 다음을 보고 광어 초밥부터 시계 방향으로 놓여 있는 초밥의 이름을 차례대로 써라. (단, 접시가 테이블의 중심을 바라보는 것을 기준으로 왼쪽, 오른쪽을 구분한다.)

① 계란말이 초밥은 광어 초밥의 옆에 있지 않고, 계란말이 초밥의 왼쪽에는 도미 초밥이 놓여 있다.
② 갑오징어 초밥은 광어 초밥의 옆에 있지 않고, 도미 초밥 옆에도 놓여 있지 않다.
③ 연어 초밥이 있는 접시에서 반시계 방향으로 두 번째 접시에는 새우 초밥이 놓여 있다.
④ 참치 초밥이 있는 접시와 마주 보는 접시의 오른쪽과 마주 보는 접시에는 광어 초밥이 놓여 있다.

나의 생각

결과는?

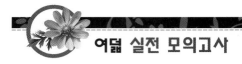
03 수연이네 반 학생들은 일주일 후에 있을 반 대항 댄스대회를 위해 맹연습 중이다. 선생님의 호각소리가 들릴 때마다 학생 두 사람이 앞으로 나와 짝을 지어 20초간 춤을 추었다. 한 번 함께 춤을 춘 학생과는 다시 추지 않았고, 모든 학생들이 춤을 춘 횟수는 동일하였다. 이렇게 두 명씩 나와 춤을 추는 데 걸린 시간이 총 3시간일 때, 춤을 춘 학생 수는 최소 몇 명이겠는가?

나의 생각

결과는?

04 모아은행에서는 만 원짜리를 천 원짜리로 바꾸러 오는 고객들의 기다리는 시간을 줄이기 위해 교환소를 따로 마련하였다. 교환소에는 천 원짜리 8000장을 10묶음으로 나누어 고객이 1장에서 800장까지의 만 원짜리를 천 원짜리로 교환하고자 할 때, 묶음을 풀지 않고도 교환해 갈 수 있도록 해 놓았다. 각각의 묶음에는 천 원짜리를 몇 장씩 넣어놓았겠는가?

나의 생각

결과는?

05 희진이는 빨간색, 파란색, 노란색, 하얀색의 4가지 색 물감을 섞어 혼합색을 만들려고 한다. 색을 만들 때에는 반드시 세 가지 색의 물감을 섞어서 만들어야 하고, 노란색 물감은 가장 많이 섞어 11번을 섞었고, 하얀색 물감은 가장 적게 섞어 7번을 섞었다고 한다. 11번과 7번 섞인 물감은 각각 한 가지 색 물감뿐이라고 할 때, 물감을 섞어 혼합색을 모두 몇 번 만들었겠는가?

나의 생각

결과는?

06 일본의 어느 지역에서 지진이 발생하였다. 진앙(지하에서 지진이 발생한 곳을 진원이라 하고, 지진파가 진원에서 수직으로 올라가 지표면과 만나는 지점을 진앙이라고 한다.)에서 지진파가 지표면을 따라 퍼져나가는 거리를 측정하여 보았더니 진앙에서 $9\,km$ 떨어진 지점인 A_1까지는 진앙에서와 같은 강도의 지진파가 측정되었다. A_1 지점으로부터 처음 강도가 미친 범위의 $\frac{1}{3}$ 떨어진 지점인 A_2까지는 처음 강도의 $\frac{1}{2}$의 지진파가 측정되었다. 또, A_2 지점으로부터 처음 강도의 $\frac{1}{2}$의 지진파가 미친 범위의 $\frac{1}{3}$ 떨어진 지점인 A_3까지는 처음 강도의 $\left(\frac{1}{2}\right)^2$의 지진파가 측정되었다. 이런 규칙으로 지진파가 퍼져나간다면 지진파가 퍼져나간 거리는 진앙으로부터 몇 km 떨어진 곳까지이겠는가?

나의 생각

결과는?

07 몽블랑레스토랑에서 용훈, 송규, 채연, 정은, 종만 다섯 명의 손님이 식사를 하였다. 이들은 9, 17, 25, 36, 50번 테이블에 한 명씩 앉았고, 주 메뉴로 각각 피자, 스테이크, 크림 스파게티, 토마토 스파게티, 리조또를 주문했다. 그리고 디저트로는 각각 푸딩, 커피, 과일, 케이크, 아이스크림을 먹었다. 다음을 보고, 이들 다섯 명이 각각 앉았던 테이블과 먹은 요리, 디저트의 종류를 알아내어 보아라.

> ▷ 9번 테이블에 앉은 사람은 스테이크를 먹었다.
> ▷ 정은이는 아이스크림을 먹지 않았고, 토마토 스파게티를 먹었다.
> ▷ 용훈이는 50번 테이블에 앉지 않았고, 디저트로 푸딩을 먹었다. 종만이는 50번 테이블에 앉지 않았다.
> ▷ 용훈이는 피자를 싫어해서 절대 먹지 않는다.
> ▷ 피자를 먹은 사람은 17번 테이블에 앉았다.
> ▷ 용훈이는 9번 테이블에 앉지 않았다.
> ▷ 케이크를 먹은 사람은 채연이인데, 채연이는 스테이크를 먹지 않았다.
> ▷ 송규는 25번 테이블에 앉았고, 디저트로 아이스크림도 커피도 선택하지 않았다.
> ▷ 과일을 먹은 사람은 크림 스파게티를 먹지 않았다.

나의 생각

결과는?

08 다음 그림과 같이 한 모서리의 길이가 50 cm인 정육면체 모양의 빈 상자가 있다. 가로가 5 cm, 세로가 20 cm, 높이가 10 cm인 직육면체 모양의 상품만을 빈 상자에 빈틈없이 담아 포장하려고 한다. 가능한지 설명해 보아라.

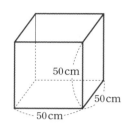

나의 생각

결과는?

→ 예시답안 p.92

09 고대 그리스에서는 신전 앞에 세울 석상을 옮길 때, 밑면의 지름의 길이가 1 m인 원기둥 모양의 굴림대를 이용하였다. 이 때, 석상을 지탱하는 판이 75.36 m 움직였다면 이 굴림대는 몇 번 회전하였는지 구하여라. (단, 굴림판은 충분히 길고, 원주율은 3.14로 계산한다.)

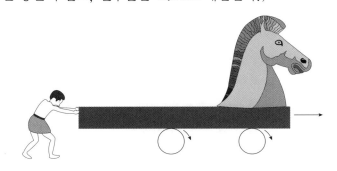

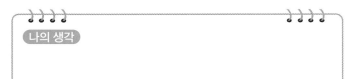

나의 생각

결과는? _____

10 7명의 학생들이 공놀이를 하기 위해 3명씩 두 팀으로 나누었다. 같은 팀의 학생들은 같은 색의 공을 들고 있으며 각 팀에는 공을 1개, 2개, 3개 들고 있는 학생이 각각 1명씩 있다. 7명 중 어느 팀에도 속하지 못한 1명은 심판을 맡았다. 학생들은 자신이 속한 팀의 학생에 대해서는 진실을 말하고, 자신이 속한 팀이 아닌 학생에 대해서는 거짓을 말한다. 이 때, 두 팀에 속한 학생과 심판인 학생을 찾고 각각의 학생이 들고 있는 공의 개수를 구하여라.

> 선영 : 찬비와 현우는 나와 같은 개수의 공을 들었어.
> 정린 : 동우와 현우는 나랑 같은 개수의 공을 들었어.
> 민희 : 동우와 내가 들고 있는 공의 개수는 1개 차이가나.
> 동우 : 선영이와 진혁이는 각각 공을 3개씩 들고 있어.
> 찬비 : 선영이는 공을 1개 들고 있지 않고, 현우는 공을 4개 들고 있지 않아.
> 진혁 : 정린이는 공 1개, 찬비는 공 2개를 들고 있어.
> 현우 : 선영이와 진혁이는 같은 색의 공을 들고 있어.

나의 생각

결과는? _____

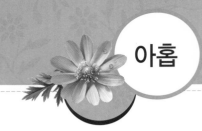
01 다음과 같이 수들이 차례대로 나열되어 있다. 이 수들 사이에 각각 +나 − 기호 중의 하나를 써 넣어 계산한 값이 자연수가 되도록 하려고 한다. 이 때, 그 결과가 홀수인지 짝수인지 말하여라.

5, 9, 13, 17, …, 405

나의 생각

결과는?

02 꼬꼬양계장에 달걀이 19502개 있다. 오전 8시에 주인이 와서 아침식사를 위해 달걀 2개를 가져간 후, 28분마다 달걀 1500개씩을 가지고 나간다. 양계장에 있는 암탉들은 주인이 오전 8시에 처음 다녀간 후, 42분마다 한 마리당 달걀을 3개씩 낳는다. 꼬꼬양계장에 암탉들이 500마리 있을 때, 오전 8시에서 몇 시간 몇 분이 지나면 양계장에 처음으로 달걀이 한 개도 없게 되는지 구하여라.

나의 생각

결과는?

▶ 예시답안 p.94

03 15명의 친구들이 시험을 대비하여 각자 1문제씩 총 15 문제의 예상문제를 만들기로 했다. 각자 만든 문제는 서로 이메일로 보내기로 하는데 문제를 보낼 때 자신이 만든 문제와 다른 친구에게서 받은 문제를 함께 보낼 수 있다고 한다. 한 명이 메일을 보낼 때, 한 명에게 메일을 보내면 한 통이고, 두 명에게 메일을 보내면 두 통이다. 모든 친구들이 각자 모든 문제를 풀어볼 수 있게 하려면 최소한 몇 통의 메일을 보내야 하겠는가?

나의 생각

결과는?

04 다음 그림은 남해에 있는 섬들의 항해도이다. 대영도에서 출발하는 배는 하나의 섬을 가는 데 50분이 걸리고, 금당도에서 출발하는 배는 하나의 섬을 가는 데 30분이 걸린다. 초도에서 출발하는 배는 하나의 섬을 가는 데 40분이 걸리고 80분에 한 대씩 출발한다. 거금도에서 광도까지 최단 시간으로 간다면 얼마나 걸리겠는가? (단, 대영도, 금당도, 초도에서 배는 항상 동시에 출발한다.)

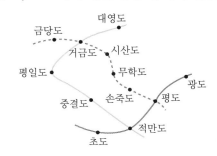

나의 생각

결과는?

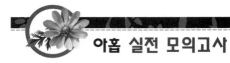

05 미자, 현우, 윤아, 정민이가 서로 2번씩 체스 게임을 하였다. 이긴 사람은 3점을 얻고, 비긴 사람들은 각각 2점씩을, 진 사람은 1점을 얻고, 점수가 높은 순서대로 등수를 매겼다. 미자는 3승 3무로 1등, 윤아는 2승 3무 1패로 2등을 하고, 정민이와 현우는 각각 2무씩 했다. 이 때, 3등을 한 정민이와 4등을 한 현우의 승패와 얻은 점수를 각각 구하여라.

결과는?

06 다음 글을 읽고, 새로 이사온 집에 사는 네 아이들의 나이와 성별을 각각 구하여라. (단, 태어난 해를 한 살이라고 한다.)

> 행복아파트로 새로 이사온 집에 이웃사람이 놀러와 차를 마시며 물었다.
> "댁의 자녀들은 나이가 어떻게 되나요?"
> "우리는 딸 둘, 아들 둘이 있는데, 아이들의 나이를 모두 곱하면 64이고, 큰 아들은 초등학생이랍니다."
> "흠, 아직 모르겠는데요?"
> "참, 올해 7월에 우리 막내 돌잔치를 했어요."
> "아, 이제 알겠군요."

나의 생각

결과는?

▶ 예시답안 p.94

07 물류 창고에 세탁기와 냉장고가 각각 150대씩 들어 있다. 이 창고에서 제품을 한 번에 4대씩 꺼내어 제품에 따라 다음과 같이 채워 넣는다. 이 창고에서 다음과 같이 꺼낼 수 없을 때까지 이런 과정을 여러 번 거친다면, 제품이 가장 적게 남았을 때 남은 제품은 각각 몇 대씩인지 구하여라.

창고에서 꺼낸 제품		창고에 채워 넣은 제품	
세탁기(대)	냉장고(대)	세탁기(대)	냉장고(대)
4	0	2	1
3	1	1	0
2	2	2	0
1	3	1	1
0	4	0	1

나의 생각

결과는?

08 맛좋아레스토랑 웨이터인 현서와 재희는 내기를 해서 이기는 사람에게 팁을 몰아주기로 했다. 단체 손님이 있었던 테이블 위에는 설거지통으로 옮겨야 할 물컵 20개가 있다. 한 번에 2개씩, 6개씩, 8개씩 옮길 수 있고, 둘이 번갈아가면서 물컵을 나르기로 했을 때, 마지막에 물컵을 가져가는 사람이 지는 것으로 하기로 했다. 둘 다 팁을 갖기 위해 필사적이고 현서가 먼저 시작했을 때, 팁은 누가 갖게 되겠는가?

나의 생각

결과는?

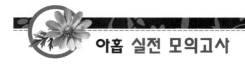
09 세계많이먹기대회에서 홍만, 크로캅, 효도르 세 명이 결승전에 진출하였다. 결승전은 총 3회전으로 구성되어 있고, 1회전은 햄버거먹기, 2회전은 핫도그먹기, 3회전은 만두먹기였다. 1, 2, 3회전에서 각각 먹은 음식의 개수의 비를 홍만 : 크로캅 : 효도르로 나타낸다면 5 : 9 : 4, 7 : 4 : 7, 13 : 11 : 6이었다. 그리고 각 회전당 세 명이 먹은 음식의 개수의 합의 비는 2 : 4 : 5였다. 이 세 명 중 3위를 한 사람이 모두 162개의 음식을 먹었고, 순위는 3회전 동안 먹은 음식의 개수의 총합으로 매겼다. 이 때, 각 선수의 순위와 3회전 동안 먹은 총 음식의 개수를 각각 구하여라.

결과는? _____

10 다음 그림과 같이 경사가 30°이고, 정남향 방향인 도로 위에 입구가 직사각형 모양인 터널이 있다. 어느 날 오후 터널의 그림자의 길이가 8 m이고, 그림자와 태양이 이루는 각이 75°였다. 이 때, 이 터널을 지날 수 있는 차의 높이는 몇 m 미만인가? (단, 터널의 두께는 무시하고, $\sqrt{3}=1.73$이다.)

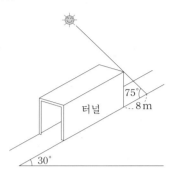

결과는? _____

실전 모의고사

열

01 식신 모자인 문희와 준하가 있다. 이들은 간식으로 땅콩을 즐겨 먹는데 문희 혼자 한 바구니에 들어 있는 땅콩을 먹는 데 25분이 걸리고, 준하 혼자 한 바구니에 들어 있는 땅콩을 먹는 데 16분이 걸린다. 그러나 두 사람은 식탐이 강해 한 바구니에 들어 있는 땅콩을 둘이 같이 먹으면 서로 더 많이 먹으려고 경쟁을 한다. 그 결과 두 사람이 평소 먹는 땅콩의 개수의 합보다 1분당 77개씩 더 먹게 되어 둘이 한 바구니의 땅콩을 먹는 데 6분밖에 걸리지 않는다고 한다. 한 바구니에 들어 있는 땅콩의 개수는 몇 개인가? (단, 한 바구니에 들어 있는 땅콩의 개수는 항상 같다.)

나의 생각

결과는? _____

02 다음 그림과 같이 양쪽 끝에 초콜릿 두 개와 별사탕 두 개를 배열한다. 한 번에 하나의 초콜릿이나 하나의 별사탕만 건너뛸 수 있고, 초콜릿이나 별사탕이 없을 경우에만 옆으로 한 칸씩 움직일 수 있다. 또, 한 칸에는 초콜릿이나 별사탕이 한 개만 올 수 있다. 이 규칙을 적용하여 두 개의 초콜릿은 오른쪽 끝의 두 칸에, 두 개의 별사탕은 왼쪽 끝의 두 칸에 위치하도록 하려면 초콜릿이나 별사탕을 적어도 몇 번 이동해야 하겠는가?

나의 생각

결과는? _____

03 영민이네 학교 학생들이 호수공원으로 소풍을 갔다. 학교 측에서는 학생들을 위하여 15종류의 과자를 준비하였고, 모든 학생들은 이 중 서로 다른 3종류의 과자를 선택하여 가져갔다. 3종류 모두 같은 과자를 가져간 학생이 어떤 경우에도 반드시 2명 이상 있을 때, 영민이네 학교 학생은 적어도 몇 명인지 구하여라. (단, 소풍은 이 학교 학생 모두가 참가한다.)

나의 생각

04 피아노, 바이올린, 비올라, 첼로, 클라리넷, 플루트를 가지고 다음과 같이 연주하여 6중주 연주회를 하고 있다. 한 번에 3가지 악기가 반드시 연주될 때, 연주회 내내 연주되는 악기는 어느 악기이겠는가?

㉠ 피아노를 연주하거나 플루트를 연주하지 않을 때에는 첼로를 연주한다.
㉡ 바이올린이나 비올라 중 하나를 연주할 때에는 클라리넷을 연주하지 않는다.
㉢ 클라리넷이나 플루트 중 하나를 연주할 때에는 비올라를 연주하지 않는다.

나의 생각

결과는?

결과는?

05 슈멩미술관에는 다음과 같은 4개의 전시실이 있다. 형기네 학교의 미술부 학생 10명이 미술관 관람을 신청하였는데 이 학생들은 각각 좋아하는 화가가 1명씩 있다고 한다. 학생들은 자신이 좋아하는 화가가 그린 그림이 있는 전시실만 모두 들어가 관람을 하고, 미술관 관장은 학생이 들어가는 전시실을 보면 그 학생이 어떤 화가를 좋아하는지 알 수 있다고 한다. 미술관 관장은 어떻게 알 수 있는 것인지 설명해 보아라.

> 각 전시실에는 다음 화가들의 그림이 걸려 있다.
> 제 1전시실 ⇨ 르네, 모네, 고갱, 고야, 밀레, 뭉크, 마티스, 폴락
> 제 2전시실 ⇨ 클림트, 칸딘스키, 밀레, 뭉크, 르누아르, 샤갈, 마티스, 폴락
> 제 3전시실 ⇨ 피카소, 모네, 고흐, 고야, 칸딘스키, 뭉크, 샤갈, 폴락
> 제 4전시실 ⇨ 미로, 고흐, 고갱, 고야, 르누아르, 샤갈, 마티스, 폴락

나의 생각

결과는?

06 오른쪽 그림과 같이 세 개의 직선 도로 가, 나, 다가 있다. 세 도로 주변은 모두 거주 공간이고, 예지네 가족은 이 거주 공간 중 한 곳에 거주지를 정하려고 한다. 아버지네 회사의 셔틀버스는 도로 가 위만 운행하고, 어머니네 회사의 셔틀버스는 도로 나 위만 운행하며, 예지네 학교의 셔틀버스는 도로 다 위만 운행한다. 예지네 가족이 집에서부터 셔틀버스를 타기 위해 가야 하는 거리가 세 식구 모두 같도록 거주지를 정하려고 할 때, 거주지로 정하기에 알맞은 곳을 그림 위에 모두 나타내어 보아라. (단, 셔틀버스 정류장은 도로 위의 모든 곳으로 생각한다.)

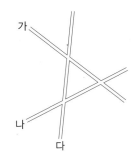

나의 생각

결과는?

07

예린, 민아, 승하, 지용, 혜민, 태우 6명이 각각 10개의 사탕을 가지고 가위바위보를 하는데 진 사람은 이긴 사람에게 자신의 사탕을 한 개 주고, 비긴 경우에는 사탕을 주고받지 않았다. 자신을 제외한 5명과 모두 한 번씩 게임을 한 결과 예린이만 한 번도 비긴 적이 없었고, 민아만 한 번도 진 적이 없었다. 또, 태우만 한 번도 이긴 적이 없었으며 지용이의 전적은 1승 3무 1패였다. 게임 후 예린, 민아, 승하, 지용, 혜민, 태우의 순으로 사탕을 많이 가지고 있었다면 나머지 5명의 전적은 어떻게 되는지 구하여라.

나의 생각

결과는?

08

어느 마법의 성에는 바둑판 모양으로 방이 있고, 이웃한 방들끼리는 서로 통하는 문이 있다. 다음 그림과 같이 어느 한 방에 진귀한 보석이 있고, 성 안에는 이 보석을 지키는 몬스터가 있다. 성 안에 있는 어떤 방에서 38개의 문을 통과하여 보석이 있는 방까지 간다면 몬스터에게 걸리지 않고 보석을 가지고 빠져나갈 수 있다. 이 때, 탐험가가 현재 방 A에 있다면 보석을 가지고 무사히 성을 빠져나갈 수 있겠는가? (단, 한 번 들어간 방은 다시 또 들어갈 수 있고, 같은 문을 여러 번 통과한 경우 그 횟수만큼 문을 통과한 것으로 본다.)

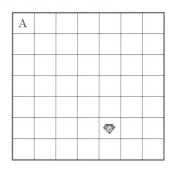

나의 생각

결과는?

▶ 예시답안 p.96

09 어느 섬의 해변가를 따라 해준이와 승호가 각각 일정한 속도로 걷고 있다. 해준이는 선착장에서 출발하고, 승호는 낚시터에서 동시에 출발하여 서로 반대 방향으로 걸었다. 해준이는 승호를 최초로 만난 후 4분 후에 낚시터를 통과하고, 낚시터를 통과한 후 20분 후에 승호와 다시 만났다. 해준이가 승호를 만난 후 10분 후에 선착장에 도착했다면 두 사람이 각각 해변가를 따라 섬을 한 바퀴 도는 데 걸린 시간의 합을 구하여라.

나의 생각

결과는?

10 동물을 수호신으로 섬기고 있는 곽정, 양과, 무기, 백통, 지약, 소소 6부족이 강을 사이에 두고 위치해 있다. 이 중 강 아래에 위치한 3부족은 곰, 호랑이, 거북이 중 하나씩을 각각 수호신으로 섬기고, 나머지 강 위에 위치한 3부족도 곰, 호랑이, 거북이 중 하나씩을 각각 수호신으로 섬긴다. 강 아래 위치한 3부족은 모두 진실만을 말하고, 강 위에 위치한 3부족은 모두 거짓말만 한다고 한다. 각 부족이 하는 말을 보고, 곰을 수호신으로 섬기는 부족은 어느 부족인지 모두 말하여라.

곽정족 : 양과족과 백통족은 같은 동물을 섬겨.
양과족 : 소소족은 곰을 섬겨.
무기족 : 곽정족은 강 위에 살아.
백통족 : 소소족은 강 아래에 살아.
지약족 : 백통족은 곰을 섬겨.
소소족 : 우리와 무기족은 같은 동물을 섬겨.

나의 생각

결과는?

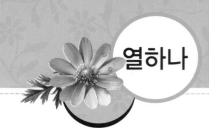

실전 모의고사

01 지점토를 이용하여 오른쪽 그림과
같은 정육면체 모양을 만들었다.
정육면체 모양의 지점토 겉면을 초
록색으로 모두 칠한 후, 각 모서리
를 8등분하여 작은 정육면체로 잘
랐다. 이 때, 초록색으로 색칠된 면이 2개 이상인 작은
정육면체의 개수를 구하여라.

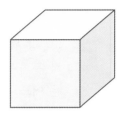

나의 생각

결과는?

02 경찰이 범죄자 검거를 위해 증인인 현중, 건우, 민서를
조사하였다. 이 세 명의 증인 중에는 범죄자에게 뇌물을
받아 항상 거짓 증언을 하는 증인이 섞여 있다. 또, 이 세
명의 증인 중에는 뇌물을 받지 않았고, 항상 진실 증언을
하는 사람은 한 명 이상이다.

> 경찰이 현중에게 "민서는 뇌물을 받았습니까?"라고
> 물었더니 "아닙니다."라고 대답했다. 경찰이 건우에게
> "현중과 민서는 뇌물을 받았습니까?"라고 물었더니
> "내가 뇌물을 받았다면 둘 다 뇌물을 받았고, 내가 뇌
> 물을 받지 않았다면 둘 다 뇌물을 받지 않았습니다."
> 라고 대답했다. 경찰은 건우에게 다시 "민서는 뇌물을
> 받았습니까?"라고 물었더니 "네."라고 대답했다.

위의 증언을 토대로 경찰은 누가 범죄자에게 뇌물을 받
아 항상 거짓 증언을 하고 있는지 알아낼 수 있겠는가?
있다면 거짓 증언한 증인을 찾아보아라.

나의 생각

결과는?

03 행복마을에 사는 사이좋은 이웃사촌 동욱, 민기, 혜선, 효주, 승수는 쌀 336 kg을 나누어 가졌다. 동욱이가 보니 자기네 집 쌀이 많은 것 같아 다른 네 사람에게 각자 가지고 있는 양만큼 나누어 주었다. 다음에는 민기가 자기네 집 쌀이 많은 것 같아 다른 네 사람에게 각자 가지고 있는 양만큼 나누어 주었다. 혜선이도 앞의 두 사람과 같은 방법으로 나누어 주었고, 효주, 승수도 같은 방법으로 차례로 나누어 주었다. 그 결과 다섯 명이 가진 쌀의 양이 동욱이는 혜선이의 2배, 효주는 민기의 $\frac{1}{3}$배, 혜선이는 효주의 2배, 승수는 혜선이의 $\frac{1}{4}$배가 되었다. 그렇다면 다섯 명이 처음 나누었을 때 가지고 있던 쌀은 각각 몇 kg이었는지 구하여라.

나의 생각

결과는?

04 다음 그림과 같이 치즈 케이크를 20조각으로 잘라 뚱뚱이와 땅땅이가 나누어 먹으려고 한다. 케이크는 두 사람이 한 명씩 번갈아가며 먹고, 한 번씩 먹을 때마다 한 조각이나 서로 붙어 있는 세 조각을 먹을 수 있다. 맨 마지막에 남은 조각을 먹는 사람은 케이크를 다 먹은 뒤 쉬고, 먹지 못한 사람은 케이크 접시와 포크를 씻어서 정리하기로 했다. 뚱뚱이가 먼저 먹기 시작했을 때, 땅땅이가 설거지를 안하고 쉬려면 어떻게 해야 할까?

나의 생각

결과는?

05 한 모서리의 길이가 3인 정육면체에서 각 모서리를 3등분 했을 때, 한 모서리의 길이가 1인 정육면체의 개수는 27개, 한 모서리의 길이가 2인 정육면체의 개수는 8개, 한 모서리의 길이가 3인 정육면체의 개수는 1개이다. 이 정육면체에서 크고 작은 정육면체는 모두 36개이다. 밑면의 가로의 길이가 5, 세로의 길이가 n, 높이가 3인 직육면체에서 밑면의 가로를 5등분, 세로를 n등분, 높이를 3등분 하면 크고 작은 정육면체가 모두 220개일 때, n의 값을 구하여라.

결과는? _____

06 정부에서 다음과 같이 생긴 마을에 수도관을 설치하려고 한다. 저수지를 E집 근처에 만들어 모든 집에 수돗물을 공급할 수 있도록 수도관을 연결할 때, 가장 적게 수도관을 사용하여 설치하려면 어떻게 설치해야 하는가? (단, 선분은 수도관 설치가 가능한 연결망을 표시한 것이고, 숫자는 필요한 수도관의 양을 나타낸 것이다.)

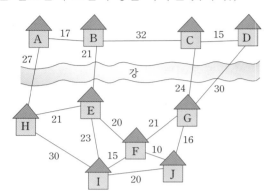

결과는? _____

▶ 예시답안 p.98

07 야영을 간 은수네 학년의 학생들 204명은 캠프파이어를 하기 위해 불에 구울 알감자를 각자 조금씩 가지고 왔다. 그런데 놀랍게도 연속하여 앉아 있는 6명이 가지고 온 알감자의 개수의 합이 항상 20개가 되었다. 학생회장은 5개를 가져왔고, 학생회장의 오른쪽으로 3번째에 앉은 학생은 3개, 학생회장의 왼쪽으로 35번째에 앉은 학생은 2개를 가져왔다. 또, 학생회장의 오른쪽으로 80번째, 왼쪽으로 67번째에 앉은 학생들은 각각 4개씩 가져왔을 때, 학생회장의 왼쪽으로 8번째에 앉은 은수는 몇 개의 알감자를 가져왔는가?

나의 생각

결과는?

08 연우와 채린이는 지하철을 타고 같은 역에 내려 연우는 환승하기 위한 에스컬레이터를 타고, 채린이는 출구로 나가기 위한 에스컬레이터를 탔다. 채린이가 탄 에스컬레이터는 항상 66단이 보이고, 연우가 탄 에스컬레이터는 항상 n단이 보인다. 연우의 걸음은 채린이의 걸음보다 두 배가 빠르며 연우는 50걸음만에 올라갔고, 채린이는 30걸음만에 올라갔다고 한다. 이 때, 연우가 탄 에스컬레이터의 높이를 나타내는 계단의 수를 구하여라. (단, 두 에스컬레이터는 같은 속도로 위로 움직이고, 한 걸음에 한 계단씩 올라갔다.)

나의 생각

결과는?

09 혜인, 수희, 준서 세 사람이 인터넷으로 묵찌빠게임을 하고 있다. 이 게임은 세 명이 접속하여야 시작할 수 있고, 먼저 접속한 두 명이 게임을 하면 여기서 진 사람과 세 번째에 접속해 대기해 있던 사람이 게임을 한다. 이런 방법으로 게임에서 진 사람과 그 게임에서 대기하고 있던 사람이 다음 게임을 하게 된다. 세 사람이 접속하여 게임을 시작할 때, 모두에게 라이프가 각각 50개씩 주어지고, 게임에서 한 번 질 때마다 1개의 라이프를 잃는다. 혜인, 수희, 준서의 순으로 게임에 접속하여 묵찌빠게임을 하고 게임이 끝난 뒤 각각 남아 있는 라이프의 수가 혜인이는 28개, 수희는 41개, 준서는 33개였다. 이 때, 세 사람이 각각 몇 번씩 이겼는지 구하고, 맨 마지막 게임에서 이긴 사람이 누구인지 구하여라. (단, 무승부는 없다.)

나의 생각

결과는?

10 사각형 ABCD에서 변 BC의 길이는 8 cm이고, 변 AD의 길이의 2배이다. 이 사각형 ABCD의 각 변을 각 변의 길이만큼 늘여 다음 그림과 같이 큰 사각형을 만들었을 때, 그 사각형의 넓이를 구하여라.

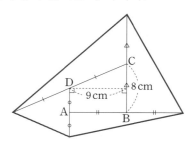

나의 생각

결과는?

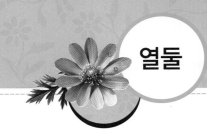

01 은아네 반 학생 30명은 번호 순서대로 운동장에 일렬로 서 있다. 이 학생들은 조회대에 있는 선생님께 번호 순서대로 가서 사탕을 받은 후, 차례대로 맨 뒤로 가서 줄을 선다. 첫 번째에는 1번 혼자, 두 번째에는 2, 3번, 세 번째에는 4, 5, 6번 순으로 한 번 갈 때마다 한 명씩 더 가서 사탕을 받아온다. 이 과정을 반복할 때, 18번째로 사탕을 받은 그룹에서 맨 마지막에 사탕을 받은 학생의 번호를 구하여라.

나의 생각

결과는?

02 다음 그림은 윤주네 동네에 있는 공원의 산책로의 모양이다. 이 산책로를 청소하는 데 새로 개발한 로봇청소기를 이용하려고 한다. 로봇청소기가 모든 산책로를 빠짐없이 가장 빠르게 청소하도록 경로를 입력할 때, 어떤 경로를 입력해야 하는지 나타내어 보아라. (단, 그림에서 색칠하지 않은 부분이 산책로이다.)

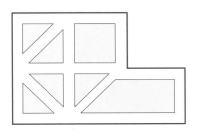

나의 생각

결과는?

03 어느 시의 시립합창단원은 모두 138명이고, 이들은 각각 1번부터 138번까지 차례로 번호를 가지고 있다. '시민을 위한 음악의 밤'에 시립합창단이 노래를 부르는 데 합창 단원들은 다음과 같은 방법으로 한 소절씩 노래를 불렀다.

> ♬~합창단원 138명 모두 노래를 함께 시작한다. → 2의 배수의 번호를 가진 단원들은 화음을 넣는다. → 3의 배수의 번호를 가진 단원들은 노래를 부르고 있었으면 화음을 넣고, 화음을 넣고 있었으면 노래를 부른다. → … → 138의 배수의 번호를 가진 단원들은 노래를 부르고 있었으면 화음을 넣고, 화음을 넣고 있었으면 노래를 부른다.~♪

이 과정을 끝마쳤을 때 마지막에 노래를 부르고 있는 합창단원은 모두 몇 명인지 구하여라.

나의 생각

결과는?

04 올해 신입사원을 뽑은 잘나가회사에서 신입사원 환영식을 열었는데 간부와 신입사원을 합하여 모두 150명이 참가하였다. 환영식 자리에 간부들은 미리 도착해 있었고, 맨 처음 온 신입사원은 모든 간부들에게 차례차례 자기소개를 하며 명함을 건넸다. 두 번째로 온 신입사원은 간부 1명에게만 명함을 건네지 못했고, 세 번째로 온 신입사원은 간부 2명에게만 명함을 건네지 못했다. 이와 같이 신입사원은 자신보다 바로 앞에 온 신입사원보다 1장씩 명함을 건네지 못하였고, 결국 마지막에 온 신입사원은 간부 13명에게만 명함을 건넸다. 신입사원 환영식에 참가한 간부와 신입사원은 각각 몇 명씩이겠는가?

나의 생각

결과는?

05 단장 1명, 삐에로 1명, 조련사 1명, 어린이 곡예사 2명, 강아지 2마리, 원숭이 1마리로 이루어진 서커스단이 다음 마을로 가기 위해서는 강을 건너야 한다. 강을 건널 수 있는 보트는 2인용 한 개뿐이고, 보트를 조정할 수 있는 사람은 단장, 삐에로, 조련사뿐이다. 삐에로가 없으면 조련사가 곡예사를 괴롭히고, 조련사가 없으면 삐에로가 강아지를 괴롭히고, 단장이 없으면 원숭이가 다른 모든 단원들을 괴롭힌다고 한다. 보트를 가장 적게 사용하여 모든 단원이 괴롭힘을 당하지 않고 강을 건너가는 방법을 설명하여라.

나의 생각

결과는?

06 다음은 일정한 규칙에 의해 모양을 나열한 것이다. 어떤 규칙에 의해 모양을 나열한 것인지 논리적으로 설명하고, 12번째에는 어떤 모양이 올지 그려 보아라.

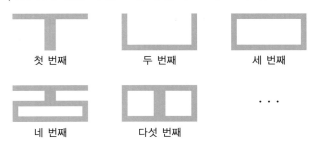

첫 번째   두 번째   세 번째

네 번째   다섯 번째   ···

나의 생각

결과는?

07 정해진 시간 안에 농구공을 골대에 많이 넣는 대회를 열었다. 우승자는 공동 3명으로 13골을 넣었고, 대회의 결과는 다음 표와 같았다. 3골 이상 넣은 사람들의 평균 골의 개수는 9골, 11골 미만을 넣은 사람들의 평균 골의 개수는 7골이었다. 다음 표를 보고, 골 많이 넣기 대회에 참가한 사람의 수와 넣은 골의 총수를 각각 구하여라.

〈골 많이 넣기 대회에서 넣은 골의 개수〉

넣은 골의 수(개)	0	1	2	3	4	5	6
골을 넣은 사람의 수(명)	6	8	15	?	?	?	?
넣은 골의 수(개)	7	8	9	10	11	12	13
골을 넣은 사람의 수(명)	22	29	?	?	14	7	3

나의 생각

결과는?

08 로미오와 줄리엣은 사랑에 빠졌으나 두 집안의 반대로 자주 만날 수가 없었다. 어느 날 줄리엣을 만난 로미오는 이렇게 말했다.
"집안에서 이제 사람을 시켜 우리 뒷조사까지 하니 약속을 잡을 때 우유 배달부에게 쪽지를 부탁하는 것도 힘들게 됐어. 그러니 이제 우리 둘만 아는 시간을 정하자구. 광장의 큰 시계의 시침, 분침, 초침이 정확하게 일치하는 때에 항상 바닷가 동굴에서 보기로 하자."
그렇다면 로미오와 줄리엣은 과연 하루에 몇 번이나 만날 수 있겠는가?

나의 생각

결과는?

09 오른쪽 그림과 같이 밑면의 반지름의 길이가 8 m인 원기둥 모양의 건물 주위로 두 가지의 길이 있다. 이 건물의 밑면의 중심을 O′라 할 때, 점 O′에서 남쪽에 있는 길과

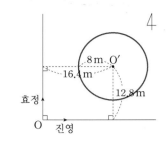

서쪽에 있는 길까지의 거리는 각각 12.8 m, 16.4 m이다. 진영이와 효정이는 두 길이 만나는 곳인 점 O에서 동시에 출발하여 진영이는 동쪽 방향으로 매분 3 m, 효정이는 북쪽 방향으로 매분 4 m씩 가고 있다. 두 사람이 점 O에서 출발한 시각이 오전 10시라면 서로 보이지 않다가 다시 서로가 보이기 시작하는 시각은 몇 시 몇 분인가?

나의 생각

결과는?

10 대학시절 국문과 동기인 아리, 예원, 빈우, 은수, 민지는 현재 모두 다른 종류의 글을 쓰는 작가이다. 동창회에서 만난 5명은 서로가 쓴 글을 바꿔서 읽어 보았는데 자신이 쓴 글은 읽지 않았으며, 자신이 쓴 글을 읽지 않은 친구의 글을 읽었다고 한다. 다음을 보고, 5명의 친구는 각각 어떤 글의 작가이며, 읽은 글은 무엇인지 알아보아라. (단, 글의 종류는 추리소설, 과학소설, 희곡, 수필, 동화이다.)

① 아리는 추리소설 작가이거나 희곡을 읽었다.
② 추리소설을 읽은 사람은 민지가 읽은 글의 작가이다.
③ 예원이가 쓴 글은 아리가 읽었다.
④ 희곡 작가는 수필을 읽은 사람의 글을 읽었다.
⑤ 예원이는 과학소설을 썼고, 은수가 쓴 글을 읽었다.

나의 생각

결과는?

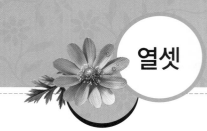
01 다섯 개의 정수 a, b, c, d, e가 다음을 만족할 때, e가 될 수 있는 정수의 개수를 구하여라.

$$201 < a, \quad a < 3b, \quad 2b < 8c,$$
$$-5d < -c, \quad -e < -11d, \quad \frac{2}{5}e < 40$$

나의 생각

결과는?

02 다음은 철사로 만든 직육면체 모양의 구조물이고, 이 구조물의 철사를 따라 꿀이 발라져 있다고 한다. 이 때, 개미가 점 A를 출발하여 꿀 발린 철사를 한 번씩만 모두 지나면 어느 점에 도착하겠는가?

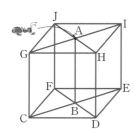

나의 생각

결과는?

03 철수, 안나, 강자는 지난 주말에 암벽등반을 했다. 철수가 암벽등반을 시작하려고 할 때, 안나는 120 m 위에 있었고 강자는 정상에서 내려오려고 하고 있었다. 철수가 안나가 있던 높이에 올라갔을 때 안나는 철수가 온 높이의 $\frac{2}{5}$만큼 더 올라갔고, 이런 식으로 올라가니 철수와 안나가 정상에 도착한 시각은 같았다. 강자와 철수의 속력의 비가 2 : 3이라면 강자가 내려오면서 철수와 안나를 만난 높이는 각각 몇 m이겠는가? (단, 강자는 철수와 안나가 올라가는 길로 내려오고, 암벽을 올라갈 때와 내려올 때의 속도는 같다.)

나의 생각

결과는?

04 어느 보석상에 120개의 진주가 있다. 보석상 주인은 똑같은 크기와 모양의 빈 보석함을 늘어놓은 뒤, 보석함 한 개를 제외한 나머지 보석함들에 진주 120개를 골고루 나누어 넣고 외출을 했다. 주인이 나간 뒤 도둑이 들어와 빈 보석함에 나머지 보석함들에서 진주를 한 개씩 꺼내어 담았다. 도둑은 나가려는 순간 주인이 문을 열고 들어오는 소리가 나자 보석함을 내려놓고 얼른 몸을 숨겼다. 주인은 들어온 후 보석함들을 살펴보았으나 도둑이 든 걸 알아채지 못했다면 보석함은 모두 몇 개나 있었겠는가?

나의 생각

결과는?

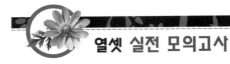
05 지수, 은하, 진호, 효리, 수아, 창민, 유리, 재민이가 2명씩 짝을 지어 오른쪽 그림과 같이 번호 순서대로 서 있고, 보라색, 노란색, 주황색, 하늘색 모자를 각각 2명씩 쓰고 있다. 앞, 뒤, 옆으로 같은 색의 모자를 쓴 사람은 없고, 대각선 방향으로는 같은 색 모자를 쓴 사람이 있을 수 있다. 한 줄에 4가지 색 모자를 쓴 사람이 각각 한 명씩 있다고 할 때, 다음을 보고 각각의 사람들이 서 있는 위치의 번호와 쓰고 있는 모자의 색을 구하여라.

	앞	
1		2
3		4
5		6
7		8
	뒤	

① 진호와 효리는 짝이다.
② 보라색 모자를 쓴 친구는 맨 앞과 맨 뒤에 서 있다.
③ 유리는 맨 앞에 서 있고, 하늘색 모자를 쓴 친구 앞에 서 있으며 지수와 짝이다.
④ 창민이 앞에는 노란색 모자를 쓴 친구가, 뒤에는 주황색 모자를 쓴 친구가 서 있다.
⑤ 유리와 진호는 같은 색 모자를 쓰고 있다.
⑥ 노란색 모자를 쓴 친구는 항상 하늘색 모자를 쓴 친구 앞에 서 있다.
⑦ 재민이는 주황색 모자를 쓰고 있고 3번에 위치하며, 수아는 보라색 모자를 쓰고 있다.

나의 생각

결과는?

06 어느 공장에서는 2대의 발전기로 10대의 기계를 3주 동안 작동시킬 수 있고, 5대의 발전기로 17대의 기계를 7주 동안 작동시킬 수 있다. 발전기 1대당 현재 저장되어 있는 전기량은 모두 같고 하루 동안 만들어내는 발전량도 모두 같다. 기계 1대당 필요한 전기량은 항상 일청하다고 할 때, 11대의 발전기로는 33주 동안 몇 대의 기계를 작동시킬 수 있는가?

나의 생각

결과는?

▶ 예시답안 p.103

07 LK 회사에서 새로운 사업을 추진하기 위하여 5개의 프로젝트를 5명의 팀장이 각각 하나씩 맡아서 준비하려고 한다. 이 프로젝트를 준비하기 위하여 37명의 사원들을 5팀으로 나누었다. 5명의 팀장 중 많은 인원을 필요로 하는 팀장부터 사원을 뽑아 데려갔더니 그 결과가 다음과 같았다. 이 때, A 팀장이 데려간 사원 수는 몇 명이 될 수 있는지 모두 구하여라.

> A 팀장 : 남은 사원의 $\frac{2}{3}$ 를 데려왔다.
>
> B 팀장 : 남은 사원의 $\frac{1}{2}$ 을 데려왔다.
>
> C 팀장 : 남은 사원의 $\frac{3}{4}$ 을 데려왔다.
>
> D 팀장 : 남은 사원을 모두 데려왔다.
>
> E 팀장 : 우리 다섯 팀장이 데려간 사원 수는 모두 다르다.

나의 생각

결과는?

08 지윤, 희정, 태인이는 선생님께서 숨겨둔 사탕 상자를 찾는 게임을 했다. 상자는 모두 12개이고, 각 상자에는 1개부터 12개까지 사탕의 개수가 모두 다르게 들어 있다. 세 친구들은 각각 4개씩의 상자를 찾았고, 상자에 들어 있는 사탕의 개수의 합은 모두 같았다. 한 명이 찾은 네 상자 중에 연속된 개수의 사탕이 들어 있는 경우는 없었으며, 12개의 사탕이 든 상자는 태인이가, 5개의 사탕이 든 상자는 희정이가 찾았다고 한다. 이 때, 10개의 사탕이 들어 있는 상자는 누가 찾았겠는가?

나의 생각

결과는?

09 규현이는 어떤 규칙에 따라 ①부터 ⑥까지 차례대로 점을 찍었다. 규현이가 적용한 규칙을 찾아내어 ⑦이 들어갈 위치에 점을 찍어 보아라.

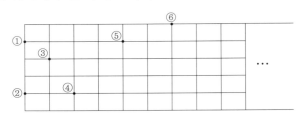

나의 생각

결과는?

10 절에 간 미선이는 대웅전을 올라가는 계단 끝에서 1.7 m 떨어진 곳에 서 있었는데 태양이 등 뒤에서 비쳐 미선이의 그림자는 대웅전을 올라가는 5번째 계단 끝에 닿아 있었고, 계단 끝에서 3.7 m 떨어진 곳에 있는 석탑의 그림자는 6번째 계단 끝에서 0.8 m 떨어진 곳에 닿아 있었다. 계단은 한 개당 폭이 20 cm, 높이가 15 cm이고, 석탑의 높이는 미선이의 키보다 111 cm 높다고 할 때, 미선이의 키는 몇 cm인가? (단, 태양은 평행하게 비춘다고 가정한다.)

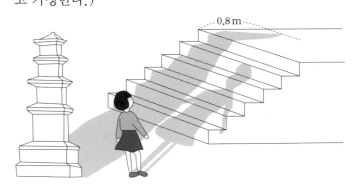

나의 생각

결과는?

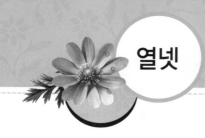

실전 모의고사

열넷

01 컴퓨터활용능력 시험에 응시하는 응시생들에게 1번부터 순서대로 번호를 부여하였더니 마지막 응시생의 수험 번호가 5000번이었다. 11번부터 3999번까지의 번호 중에서 임의의 두 번호의 차가 5와 9가 되지 않는 응시생들은 서울에서 시험을 보고, 나머지 응시생들은 경기도에서 시험을 보게 하였다. 서울에서 시험을 보는 응시생은 최대 몇 명이겠는가?

나의 생각

결과는?

02 정팔면체 모양의 크기가 같은 2개의 주사위가 있다. 각 주사위에는 4개의 수 1, 2, 4, 10이 한 면에 1개씩 각각 a번, b번, c번, d번씩 적혀 있다. 이 2개의 주사위를 동시에 던졌을 때, 나오는 두 수 중 큰 수를 작은 수로 나눈 값이 5일 확률은 $\frac{9}{32}$이다. 이 때, a, b, c, d를 각각 구하여라. (단, 4개의 수는 각각 한 번 이상 적혀 있다.)

나의 생각

결과는?

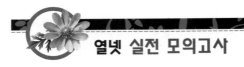

03 콩이네 두부가게에는 크기와 모양이 같은 31모의 두부가 있다. 그런데 이 중 한 모는 콩 함유량이 일반 두부와 차이가 나서 무게가 일반 두부와 다른 불량 두부이다. 이 불량 두부가 일반 두부보다 무거운지 가벼운지 알 수 없을 때, 양팔저울을 적어도 몇 번 사용해야 이 불량 두부를 가려낼 수 있겠는가? (단, 일반 두부의 무게는 모두 같고, 우연히 찾아내는 경우는 제외한다.)

나의 생각

결과는?

04 7명의 친구들이 운동장에 모여 2명씩 짝을 이뤄 게임을 하려고 한다. 그런데 총 인원이 홀수 명이기 때문에 짝을 짓기가 힘들어 서로 짝을 바꿔가며 게임을 하고, 1명씩 돌아가면서 쉬기로 했다. 한 번 짝이었던 친구와 다시 짝이 될 수 없다고 할 때, 모든 친구들이 각각 5번씩만 게임에 참여할 수 있는지 없는지를 말하고, 있으면 그 방법을 서술해 보아라.

나의 생각

결과는?

05 쥐, 소, 호랑이, 토끼, 용, 뱀, 말, 양, 원숭이, 닭, 개, 돼지의 12가지 동물인형이 정각마다 번갈아가며 나오는 시계가 있다. 호랑이는 양보다 1시간 전에 나오고, 뱀은 닭보다 4시간 후에 나온다. 소는 원숭이보다, 말은 뱀보다 1시간 후에 나오고, 쥐는 호랑이보다 4시간 전에, 돼지보다는 2시간 전에 나온다. 또, 용은 쥐와 닭이 나오는 시각의 가운데 시각에 나오고, 개는 소보다 2시간 전에, 닭보다 1시간 후에 나온다. 양이 나오는 시각이 10시일 때, 1시부터 12시까지 나오는 동물인형을 차례대로 써라.

결과는?

06 은빈이네 영화 동아리에서는 매주 영화 1편을 선정하여 토론을 한다. 이 영화 동아리 학생 중 8명의 친구가 함께 이번 주에 선정된 영화를 보러 갔다. 8명의 좌석은 G1에서 G8까지이고, 영화표를 한 장씩 나누어 가지고 8개의 좌석 중 아무 자리에나 앉았다. 이 때, 이들 중 3명만 자신이 가진 표에 적힌 좌석과 같은 좌석에 앉는 경우의 수를 구하여라.

결과는?

07 다음 그림은 모든 변의 길이가 1인 28각형이다. 이 도형을 모양과 크기가 같은 네 조각으로 자른 후 다시 붙여서 정사각형 하나를 만들어 보아라.

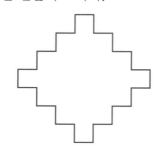

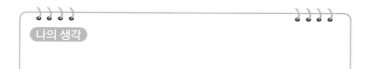

나의 생각

결과는?

08 소라네 마을에서는 주민들이 무더위를 잊고 즐길 수 있도록 오늘 오후 2시부터 2시간 동안 개천에서 맨손으로 물고기잡기대회를 개최하였다. 그물로 막아 붕어와 잉어 150여 마리를 풀어 놓고, 붕어와 잉어를 더하여 많이 잡은 순으로 종합 순위를 정하여 상품을 증정하였다. 대회에 참가한 사람은 모두 15명이고, 소라 아버지가 이 대회에 참가하여 잡은 물고기의 수가 다음과 같을 때, 소라 아버지가 될 수 있는 종합 순위 중 가장 낮은 순위는 몇 위인가? (단, 잡은 마리 수가 같은 경우 같은 순위이고, 그 다음 사람의 순위는 바로 위 순위 사람 수만큼 떨어지는 것으로 한다. 예를 들어 3위가 2명이면 그 다음 사람의 순위는 5위이다.)

물고기의 종류	소라 아버지가 잡은 물고기의 수	소라 아버지의 순위	참가자들이 잡은 물고기의 평균 수
붕어	5마리	6위	3마리
잉어	4마리	8위	4마리

나의 생각

결과는?

09 $\overline{AC}=12\,cm$, $\overline{BC}=16\,cm$인 직각삼각형 ABC의 내접원 R_1을 그린다. 내접원 R_1에 접하고 $\overline{AC}$, $\overline{BC}$에 각각 평행한 선분 l_1l_1', m_1m_1'를 그어 $\triangle Bl_1'l_1$과 $\triangle Am_1m_1'$의 내접원 R_2, R_2'를 그린다. 또, 원 R_2에 접하고 선분 l_1l_1'에 평행한 선분 l_2l_2'를 긋고, 원 R_2'에 접하고 선분 m_1m_1'에 평행한 선분 m_2m_2'를 긋는다. 이 때, $\triangle Bl_2'l_2$와 $\triangle Am_2m_2'$의 내접원 R_3, R_3'를 그린다. 이와 같이 선분 l_kl_k', m_km_k'를 그어 $\triangle Bl_k'l_k$와 $\triangle Am_km_k'$의 내접원 R_{k+1}, R_{k+1}'를 그릴 때, 원 R_5, R_5'의 반지름을 각각 구하여라. (단, $k\geq1$)

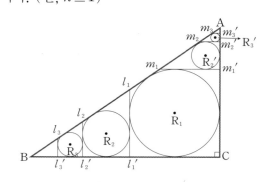

나의 생각

결과는?

10 악명높은 해적 잭 선장은 드디어 보물상자를 손에 넣게 되었다. 그런데 보물상자에는 0부터 9까지의 숫자로 이루어진 다섯 자리의 암호가 걸려 있고, 상자 뚜껑에 암호에 관한 다음과 같은 힌트가 적혀 있다. 잭 선장이 보물을 얻기 위해 알아내야 하는 다섯 자리의 암호는 무엇일까?

★ 암호의 숫자와 위치가 일치하면 A로 표시한다.
   숫자는 일치하나 위치가 다르면 B로 표시한다.
   예 암호가 14675인 경우 : 1 3 5 7 9 → 2A1B
                              A   B A

   ① 62195   1A1B
   ② 82547   2A1B
   ③ 73201   1A3B
   ④ 50462   1A2B
   ⑤ 13704   1A2B

나의 생각

결과는?

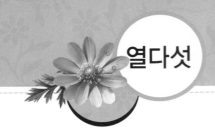
01 청계천을 아름답게 꾸미기 위한 작업의 일환으로 청계천의 벽에 다음 그림과 같이 타일을 붙여 빨간색, 주황색, 노란색, 초록색, 파란색, 남색, 보라색의 순으로 계속하여 색을 칠하려고 한다. 주황색은 빨간색과 노란색을 혼합한 색이고, 초록색은 노란색과 파란색, 보라색은 빨간색과 파란색을 혼합한 색이다. 현재 빨간색, 노란색, 파란색, 남색의 페인트가 있고, 한 가지 색으로 타일 하나를 칠하는 데 35초가 걸린다. 색을 혼합하여 타일 하나를 칠하는 데 1분 25초가 걸리고, 타일 하나를 칠한 후에는 7초간 쉰다고 한다. 빨간색을 시작으로 색을 칠하여 마지막 타일에는 노란색이 칠해지고, 이 노란색은 노란색 중에서 95번째 칠해지는 것이라면 끝까지 칠하는 데 모두 몇 시간 몇 분 몇 초가 걸리겠는가?

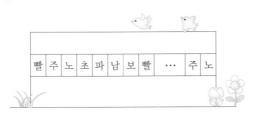

나의 생각

결과는?

02 은민이네 반 학생들은 3교시 국어 시간에 보기가 ①에서 ④까지인 객관식 시험을 보았다. 시험은 모두 10문제이고, 1문제당 10점이다. 다음은 은민, 선미, 희수, 성훈이가 적어낸 답과 얻은 점수일 때, 이 시험의 1번에서 10번까지의 답을 구하여라.

번호 이름	1	2	3	4	5	6	7	8	9	10	점수(점)
은민	②	④	①	①	③	④	②	②	④	①	70
선미	②	③	①	①	④	④	②	④	③	①	50
희수	③	②	①	①	②	④	②	③	②	②	70
성훈	③	③	②	③	②	③	②	③	④	①	60

나의 생각

결과는?

03 용수철에 매달려 있는 추를 잡아당기면 추는 원래의 위치로 돌아가기 위하여 처음 추가 있던 지점을 중심으로 위아래로 움직이는 데 이렇게 운동하는 것을 용수철 진자운동이라고 한다. 다음 그림과 같은 용수철 진자에서 추를 잡아당겼다 놓았을 때 추가 위아래로 움직이는 거리는 처음 추가 달려있던 지점을 중심으로 $\frac{1}{10}$씩이라고 한다. 추를 15 cm 아래로 잡아당겼다가 놓았을 때부터 용수철 진자가 멈출 때까지 추가 움직인 거리의 합을 구하여라.

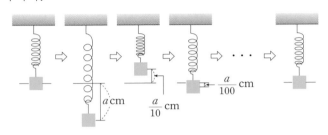

나의 생각

결과는?

04 어느 마을의 일직선으로 난 강의 한 쪽에 a, b, c, d, e, f, g, h의 여덟 집이 일렬로 있다. 각 집들은 남향이거나 북향이고, 집의 방향을 기준으로 한 쪽은 왼쪽, 한 쪽은 오른쪽이다. 예를 들어 a집이 남향이고 a집의 왼쪽에 b집이 있을 경우, b집이 북향이면 a집은 b집의 왼쪽에 있다고 한다. 부동산 업자들이 다음과 같이 이 집들에 대해 이야기하고 있을 때, d집과 방향이 같은 집은 몇 집인지 추론해 보아라.

> 부동산 1 : f집의 오른쪽 옆에는 b집이 있고, b집의 오른쪽 옆에는 f집이 있다.
> 부동산 2 : a집의 오른쪽 옆에는 g집이 있고, 두 집은 서로 반대 방향을 바라보고 있다.
> 부동산 3 : c집의 왼쪽 옆에는 b집이, 오른쪽 옆에는 e집이 있다.
> 부동산 4 : e집의 왼쪽 옆에는 a집이 있고, e집은 h집과는 서로 반대 방향을 바라보고 있다.
> 부동산 5 : d집의 왼쪽 옆에는 h집이 있고, 오른쪽 옆에는 g집이 있다.

나의 생각

결과는?

05 현민이네 반 35명의 학생들은 1번부터 번호 순서대로 둥글게 앉아서 "방문하였습니다." 놀이를 했다. 이 놀이는 첫 번째에 1번이 손을 들고, 두 번째에 2, 3번, 세 번째에 4, 5, 6번, 네 번째에 7, 8, 9, 10번, 다섯 번째에 11, 12, 13, 14, 15번, 여섯 번째에 16, 17, 18, 19번, 일곱 번째에 20, 21, 22번, 여덟 번째에 23, 24번, 아홉 번째에 25번, 열 번째에 26, 27번 순으로 반복하여 함께 손을 들며 "방문하였습니다."를 외치는 놀이이다. 1번부터 놀이를 시작하여 현민이가 6번 "방문하였습니다."를 외쳤을 때, 현민이의 바로 뒷 번호 학생이 함께 외치지 말아야 하는데 외쳐서 놀이가 멈추고 벌칙을 받았다. 현민이의 번호가 30번대라면 현민이의 번호는 몇 번인가?

나의 생각

결과는?

06 순풍산부인과에서 같은 날에 태어난 유진, 카이, 미호, 루시, 요나 5명의 신생아의 몸무게가 다음과 같을 때, 신생아의 몸무게가 무거운 순서대로 이름을 써라. (단, 신생아의 몸무게는 4.3 kg 미만이고, 소수 첫째 자리까지 나타낸다.)

- 유진이는 루시보다 1 kg 무겁다.
- 카이의 몸무게는 5명의 평균이다.
- 미호와 요나 몸무게의 평균은 루시의 몸무게보다 0.5 kg 높다.
- 루시가 제일 가볍다.
- 요나의 몸무게는 3.8 kg이다.

나의 생각

결과는?

→ 예시답안 p.107

07 슈멩백화점에서는 애완동물을 데리고 쇼핑을 하지 못하도록 입구 옆에 애완동물을 잠시 맡아두는 곳을 설치하였다. 애완동물을 맡아두는 곳은 다음 그림과 같이 복도의 양 옆을 따라 3층씩 있고, 한 층마다 세 개의 칸으로 나뉘어 있다. 현재 10마리의 애완동물이 들어 있는데 10마리의 위치는 다음과 같을 때, 하바나 고양이가 있을 수 있는 층은 몇 층인지 모두 구하여라.

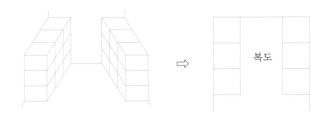

- 개와 고양이는 서로 마주 보는 칸이나 바로 옆 칸에 있지 않다.
- 샴 고양이는 시츄와 슈나우저 사이의 층에 있고, 샴 고양이와 마주 보는 칸에는 페르시안 고양이가 있다.
- 불독의 바로 옆 칸에는 시츄가 있고, 마주 보는 칸에는 코커스파니엘이 있다.
- 벵갈 고양이는 불독과 같은 층에 있고, 푸들은 페르시안 고양이와 같은 층에 있다.
- 맹크스 고양이, 샴 고양이, 코커스파니엘은 앞 열에 있고, 시츄와 하바나 고양이는 중앙 열에 있다.
- 한 층에는 고양이가 3마리 이상 있지 않다.

나의 생각

결과는?

08 7명의 친구들이 사다리타기게임을 하였는데 그 종이가 오른쪽 그림과 같이 누군가의 실수로 가로줄이 모두 지워졌다. 게임의 결과가 다음과 같았을 때, 가로줄은 최소한 몇 개가 있었겠는가?

A B C D E F G

N M L K J I H

A→H, B→I, C→J, D→K,
E→L, F→M, G→N

나의 생각

결과는?

09 오른쪽 그림과 같이 위에서 보면 정오각형 모양인 체육관의 한 모서리의 길이는 50 m이다. 체육관 밖의 두 지점 P, Q는 이 점과 이 점에서 체육관을 바라볼 때 보이는 양끝 점을 이어서 생기는 두 직선이 이루는 각이 90°인 지점이다. 두 지점 P, Q와 같이 체육관 밖에서 체육관을 바라보는 각이 90°인 지점들의 자취의 길이를 구하여라. (단, sin 54°=0.8이다.)

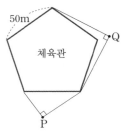

나의 생각

결과는?

10 고대 이집트인들은 경사길에서 건축 석재를 옮길 때, 다음 그림과 같은 방법을 썼다. 즉, 직육면체 모양의 건축 석재의 양 밑면에 원 모양의 판을 끼워 밧줄로 감아 매고 올라가 노동량을 줄였다. 이런 방법으로 건축 석재를 30 m 움직이려면 사람은 약 몇 m를 올라가야 하겠는가? (단, $\sqrt{2}=1.414$, $\pi=3.14$이고, 원 모양의 판은 미끄러져 내려가지 않는다.)

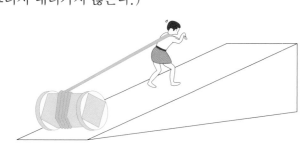

나의 생각

결과는?

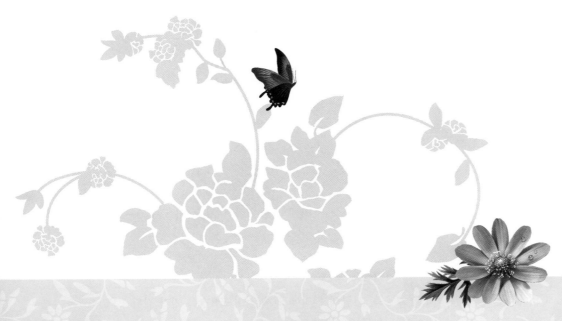

에이급 특목고 슈멩 *chemin*
예시답안

한 가지만 옳은 사고라고 할 수 없으므로 예시답안으로 활용하십시오.

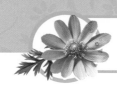

예시 답안

 하나 실전 모의고사

01 첫 번째 정오각형부터 순서대로 늘어나는 꽃나무의 그루 수는
5, 12, 22, 35, 51, 70, 92, 117, 145, 176, …로 늘어난다.
  +7 +10 +13 +16 +19 +22 +25 +28 +31
마지막에 한 줄을 추가하여 꽃나무를 심으려면 $29+2=31$(그루)
가 필요하므로 현재 가지고 있는 꽃나무는 $145+2=147$(그루)이
다.
또한, 꽃나무의 그루 수가 176그루인 정오각형 모양의 화단은 10
번째이므로 진달래가 필요하다.

> 결론 진달래, 147그루

02 ① 4번 양을 몰고 가면 (iv)에 의해 2번 양과 3번 양이 따라온다.
② 1번 양을 몰고 가면 (i)에 의해 7번 양과 9번 양이 따라온다.
③ 7번 양이 따라왔으므로 (iii)에 의해 10번 양과 13번 양이 따라
   온다.
④ 7번 양은 따라왔으므로 6번 양을 몰고 가면 (ii)에 의해 5번 양
   과 11번 양과 12번 양이 따라온다.
⑤ 2번 양과 5번 양이 따라왔으므로 (vi)에 의해 14번 양과 18번
   양이 따라온다.
⑥ 3번 양과 10번 양이 따라왔으므로 (v)에 의해 16번 양과 17번
   양이 따라온다.
남은 두 양인 8번 양과 15번 양만 몰고 가면 모든 양을 우리에 넣
을 수 있다.
따라서, 양치기 소년은 최소한 1, 4, 6, 8, 15번의 5마리의 양을
몰고 가야 한다.

> 결론 5마리

03

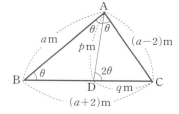

각 조각상의 위치를 위의 그림과 같이 점 A, B, C라 한다.
세 점 A, B, C를 이었을 때 생기는 삼각형의 최대각이 최소각의
2배이므로 $\angle ABC=\theta$라 하면 $\angle BAC=2\theta$이다.
$\angle BAC$의 이등분선을 그어 변 BC와 만나는 점을 D라 하면
$\triangle ABC \backsim \triangle DAC$(AA닮음)이고, 닮음비는 $(a+2):(a-2)$
이다.
$\triangle DAC$에서 $\overline{AD}=p$ m, $\overline{CD}=q$ m라 하면
$\overline{BC}:\overline{AC}=\overline{AB}:\overline{DA}$이므로 $(a+2):(a-2)=a:p$에서
$p=\dfrac{a(a-2)}{a+2}$이고,

$\overline{BC}:\overline{AC}=\overline{AC}:\overline{DC}$이므로 $(a+2):(a-2)=(a-2):q$
에서 $q=\dfrac{(a-2)^2}{a+2}$이다.
$\angle ABD=\angle BAD$에서
$\overline{AD}=\overline{BD}$이므로 $\overline{BC}=\overline{BD}+\overline{CD}=\overline{AD}+\overline{CD}=p+q=a+2$
이다.
$\dfrac{a(a-2)}{a+2}+\dfrac{(a-2)^2}{a+2}=a+2$
$a^2-2a+a^2-4a+4=a^2+4a+4$
$a^2-10a=0,\ a(a-10)=0,\ a=10\,(\because a>2)$
따라서, 각 조각상끼리의 거리는 8 m, 10 m, 12 m이다.

> 결론 8 m, 10 m, 12 m

04 소수 첫째 자리에서 반올림한 경우 키는 $179-152+1=28$(가
지)가 나올 수 있다.
그러나 윤성이네 반 학생은 35명이므로 같은 키인 학생들이 반드
시 존재한다.
즉, 서랍의 원리에 의해 적어도 2명은 키가 같다.
〈서랍의 원리〉
① n개의 서랍에 n개보다 많은 물건을 넣으려면 적어도 한 서랍
   에는 2개 이상의 물건을 넣어야 한다.
   예 5개의 접시에 사과 6개를 놓으려면 2개 이상의 사과가 담겨
   있는 접시가 반드시 있어야 한다.
② n개의 서랍에 m개의 물건을 넣으려면 물건이 m을 n으로 나
   눈 몫보다 1 이상 큰 수만큼 들어 있는 서랍이 반드시 있다.
   (단, m은 n으로 나누어 떨어지지 않는 수이다.)
   예 5번의 축구경기에서 17골이 들어갔다면 $17\div5=3\cdots2$이
   므로 $3+1=4$(골) 이상 들어간 경기가 반드시 있어야 한다.

> 결론 2명

05 은진이의 시계는 1시간에 20초씩 늦게 가고, 연정이의 시계는 1
시간에 30초씩 빨리 가므로 은진이의 시계와 연정이의 시계는 1
시간에 $20+30=50$(초)씩 차이가 난다.
따라서, 목요일 오후에 만났을 때 30분 차이가 났으므로
$30\times60\div50=36$(시간) 전에 시계를 맞춘 것이다.
지금 정확한 시각은 $30\times\dfrac{20}{50}=12$에서 오후 8시 12분이므로
두 시계의 시각을 처음 정확히 맞추었을 때는 수요일 오전 8시 12
분이다.

> 결론 수요일 오전 8시 12분

06 병원에 온 순서대로 환자를 A~L이라 하고, 환자들이 도착한 시
각과 진료를 받는 시각을 다음과 같이 나타낸다.

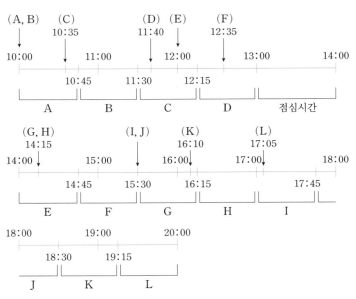

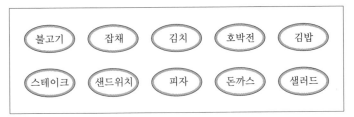

11시 30분부터 C는 진료받고 A, B는 끝나서 기다리는 환자가 없으므로 D가 병원에 온 시각인 11시 40분까지 10분 동안 기다리는 환자가 없다. 또, 마지막 환자인 L이 진료받는 45분 동안에도 기다리는 환자가 없다.

따라서, 총 10＋45＝55(분) 동안 기다리는 환자가 없다.

결론 55분

07 1에서 돈까스는 ⑨에 놓고, 7에서 스테이크는 ⑥에 놓는다.
5에서 김밥은 ⑤에 놓고, 3, 4, 6에서 호박전, 김치, 잡채, 불고기 4개가 붙어 있으므로 ①, ②, ③, ④ 또는 ④, ③, ②, ①의 순으로 놓아야 한다.
2와 8에서 피자는 ⑧, 샐러드는 ⑩에 놓으므로 샌드위치는 ⑦에 놓고, 4에 의해서 잡채는 ②에 놓으므로 불고기, 잡채, 김치, 호박전을 각각 ①, ②, ③, ④에 놓는다.

불고기	잡채	김치	호박전	김밥
스테이크	샌드위치	피자	돈까스	샐러드

결론 ① 불고기, ② 잡채, ③ 김치, ④ 호박전, ⑤ 김밥,
⑥ 스테이크, ⑦ 샌드위치, ⑧ 피자, ⑨ 돈까스, ⑩ 샐러드

08 지난 주에 팔린 우유의 개수의 비 2 : 3에서 초코우유의 개수를 $2x$개라 하면 딸기우유의 개수는 $3x$개이고, 이번 주에 팔린 우유의 개수의 비 7 : 4에서 초코우유의 개수를 $7y$라 하면 딸기우유의 개수는 $4y$개이다. 즉, 2주 동안 팔린 초코우유와 딸기우유는 모두 $(5x+11y)$개이다.
이 때, 2주 동안 팔린 초코우유와 딸기우유의 개수의 비가 3 : 4이므로 $(2x+7y) : (3x+4y)=3 : 4$, $3(3x+4y)=4(2x+7y)$
$9x+12y=8x+28y$, $x=16y$
$5x+11y=80y+11y=91y$이므로 2주 동안 팔린 우유의 개수는 91의 배수가 되어야 한다.
따라서, 편의점에서 2주 동안 팔린 초코우유와 딸기우유의 개수의 합이 될 수 있는 수는 91, 182이다.

결론 91, 182

09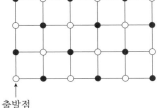

위의 그림과 같이 미로를 선으로 나타내고, 24개의 교차점은 흑점과 백점이 이웃하도록 표시하면
백점 → 흑점 → 백점 → 흑점 → … (또는 흑점 → 백점 → 흑점 → 백점 → …)으로 번갈아가며 가게 된다.
교차점은 모두 짝수 개이므로 모든 교차점을 지나면서 초코칩쿠키를 먹고 마지막에 도착할 수 있는 곳은 백점에서 출발했으므로 흑점으로 끝나는 곳이다.
따라서, 흑점은 12군데이므로 마지막에 도착할 수 있는 교차점은 모두 12군데이다.

결론 12군데

10 여러 과정을 반복했을 때, 자동차의 대수가 가장 적게 남는 경우를 찾는다.
• (소형 자동차 수, 중형 자동차 수)로 나타내어 소형 자동차가 5대 나갈 때마다 3대가 들어온다고 하면
(300대, 380대) → (180대, 380대) → (108대, 380대) → … → (16대, 380대) → (10대, 380대) → (6대, 380대) → (4대, 380대)이다.
• 중형 자동차가 5대 나갈 때마다 3대 들어간다고 하면
(4대, 380대) → (4대, 228대) → (4대, 138대) → … → (4대, 8대) → (4대, 6대) → (4대, 4대)이다.
소형 자동차 4대와 중형 자동차 4대는 각각 2대와 3대로, 2대와 3대는 각각 0대와 2대로 남는다.
또는 소형 자동차 4대와 중형 자동차 4대는 각각 6대와 1대로, 6대와 1대는 각각 4대와 1대로, 4대와 1대는 각각 2대와 0대로 남는다.
따라서, 주차장에 차가 가장 적게 남을 때는 소형 자동차 0대, 중형 자동차가 2대이거나 소형 자동차가 2대, 중형 자동차가 0대이므로 총 2대이다.

결론 2대

둘 실전 모의고사

01 토너먼트 방식의 시합은 처음에 둘씩 짝지어 시합을 하고, 이긴 사람들끼리 또 둘씩 짝지어 경기를 해 나가는 방식이다.

예를 들어 세 명이 있을 경우 2번, 네 명이 있을 경우 3번, 다섯 명이 있을 경우 4번의 시합을 해야 우승자가 결정된다.

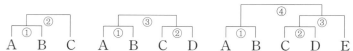

즉, 시합에 참가하는 사람 수보다 1 적은 수만큼 경기를 하게 된다.

따라서, 이 팔씨름대회에 참여한 사람은 모두 57＋1＝58(명)이다.

결론 58명

02 가로의 길이가 180 cm이므로 10등분선은 18 cm마다, 12등분선은 15 cm마다, 15등분선은 12 cm마다 긋는다. 180 이하의 자연수 중 18의 배수의 집합을 A, 15의 배수의 집합을 B, 12의 배수의 집합을 C라 하면

$$n(A \cup B \cup C) = n(A) + n(B) + n(C)$$
$$- n(A \cap B) - n(B \cap C) - n(C \cap A)$$
$$+ n(A \cap B \cap C)$$
$$= 10 + 12 + 15 - 2 - 3 - 5 + 1 = 28$$

이므로 가로에는 모두 28토막이 생긴다.

세로의 길이는 90 cm이므로 6등분선은 15 cm마다, 15등분선은 6 cm마다 긋는다. 90 이하의 자연수 중 15의 배수의 집합을 D, 6의 배수의 집합을 E라 하면

$$n(D \cup E) = n(D) + n(E) - n(D \cap E) = 6 + 15 - 3 = 18$$

이므로 세로에는 모두 18토막이 생긴다.

따라서, 선을 따라 호박엿을 자르면 $28 \times 18 = 504$(토막)이 생기므로 모두 504명에게 나누어 줄 수 있다.

결론 504명

03 외국인 승무원은 자신이 진짜 승무원이던 가짜 승무원이던 간에 항상 자신은 진짜 승무원이라고 대답했을 것이다.

따라서, 외국인 승무원은 진짜 승무원인지 가짜 승무원인지 알 수 없다.

한국인 승무원이 가짜 승무원이라면 항상 거짓말만 하기 때문에 외국인 승무원이 자신이 가짜 승무원이라고 대답했다고 말했을 것이므로 모순이다.

한국인 승무원이 진짜 승무원이라면 외국인 승무원이 대답한 내용 그대로 연아에게 전달했을 것이므로 한국인 승무원은 진짜 승무원이다.

결론 외국인 승무원은 알 수 없고, 한국인 승무원은 진짜 승무원이다.

04 A~H 중 가장 많은 복도인 3군데를 감시할 수 있는 위치는 A,

C, D, F, H, I, J, M이므로 이 중 가장 적은 카메라로 모든 복도를 감시할 수 있는 위치를 찾는다.

다음 그림과 같이 C, D, M 위치에 설치하면 모든 복도를 감시할 수 있다.

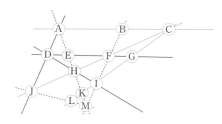

결론 C, D, M

05 첫 케이크가 판매된 후 진열장에 남은 케이크의 개수는 다음과 같다.

시간	8분 후	12분 후	16분 후	24분 후	32분 후	36분 후
남은 케이크의 개수	28개	29개	28개	28개	27개	28개

시간	40분 후	48분 후	56분 후	60분 후	64분 후	…
남은 케이크의 개수	27개	27개	26개	27개	26개	…

진열장에 있는 케이크는 8분 후부터 24분마다 한 개씩 줄어드는 것을 알 수 있다.

따라서, 첫 케이크가 팔린 후 $8 + 24 \times 28 = 8 + 672 = 680$(분)이 지나면 케이크가 진열장에 한 개도 없게 되어 달콤제과점 주인은 가게 문을 닫는다.

결론 680분

06 지원이의 예상에서 마, 사, 자, 차, 다는 서로 커플이 아님을 알 수 있다. 또, 유민이의 예상에서 자와 다는 바 또는 가와 각각 커플임을 알 수 있다. 서경이의 예상에서는 바와 다가 커플이 아니라는 것을 알 수 있으므로 자는 바와 커플, 다는 가와 커플이다. 또, 사와 차는 각각 라 또는 나와 커플임을 알 수 있으므로 마는 나머지 한 명인 아와 커플이다.

준희의 예상에서 나와 차는 커플이 아님을 알 수 있으므로 사는 나와 커플, 차는 라와 커플이다.

따라서, 5쌍의 커플은 마-아, 사-나, 자-바, 차-라, 다-가이므로 라와 커플인 사람은 차이다.

결론 차

07 $90 = 2 \times 3^2 \times 5$에서 3개의 수의 곱으로 90을 나타내면 다음과 같다.

$(1 \times 1 \times 90)$, $(1 \times 2 \times 45)$, $(1 \times 3 \times 30)$, $(1 \times 5 \times 18)$, $(1 \times 6 \times 15)$, $(1 \times 9 \times 10)$, $(2 \times 3 \times 15)$, $(2 \times 5 \times 9)$, $(3 \times 3 \times 10)$, $(3 \times 5 \times 6)$

위에서 세 수의 합이 같은 것을 찾으면

$(1 \times 9 \times 10)$과 $(2 \times 3 \times 15)$, $(2 \times 5 \times 9)$와 $(3 \times 3 \times 10)$이다.

두 사람이 준비한 세뱃돈 봉투에는 서로 다른 장수로 세뱃돈이 들어 있으므로 $(1 \times 9 \times 10)$과 $(2 \times 3 \times 15)$이다. 아버지와 큰아버지가 준비한 봉투 중 가장 장수가 많이 들어 있는 봉투는 큰아버

지가 준비한 봉투이므로 아버지는 1장, 9장, 10장이 각각 든 봉투 세 개, 큰아버지는 2장, 3장, 15장이 각각 든 봉투 세 개를 준비했다.

> **결론** 아버지 : 1장, 9장, 10장, 큰아버지 : 2장, 3장, 15장

08 비닐봉지가 n장 있다고 하면 n장의 비닐봉지로 n가지의 김치를 시식할 수 있다. 비닐봉지를 한 장씩 사용하여 n가지의 김치를 시식한 후 마지막 비닐봉지 한 장은 심사위원 손에 끼워져 있으므로 사용했던 나머지 $(n-1)$장의 비닐봉지를 깨끗한 면이 바깥으로 가게 하여 비닐봉지 위에 겹쳐 끼면 $(n-1)$가지의 김치를 더 시식할 수 있다.

비닐봉지 n장으로 $n+n-1=2n-1$(가지)의 김치를 시식할 수 있으므로 한 심사위원당 $2n-1=41$, $n=21$에서 21장의 비닐봉지를 사용한다.

따라서, 3명의 심사위원들이 41가지의 김치를 모두 시식하기 위해서는 최소 $21\times3=63$(장)의 비닐봉지가 필요하다.

> **결론** 63장

09 벌레 9마리가 한 직선에 3마리씩 모두 10개의 직선이 되도록 거미줄에 붙어있으므로 벌레가 한 직선 위에만 붙어있는 것이 아니라 다른 직선 위에도 붙어있다고 생각할 수 있다.

거미줄 위에 벌레들이 붙어있는 모양을 그리면 다음과 같다.

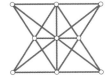

> **결론** 풀이 참조

10 총 게임 수는 $5+4+3+2+1=15$(게임)이고, 6명의 친구가 먹은 총 과자의 개수는 $15\times2=30$(개)이다.

1등을 한 친구는 과자를 1개만 먹은 경우가 없었으므로 짝수 개로 먹었고, 모두 2개 이상은 먹었으므로 1등은 8개나 10개의 과자를 먹었다. 3등을 한 친구는 모든 게임에서 과자를 먹었으므로 1등을 한 친구와의 게임에서는 과자를 2개 먹었고, 1등을 한 친구는 8개를 먹었다. 표를 만들어 과자를 2개 먹었을 때를 ○로, 과자를 1개 먹었을 때를 △로, 과자를 못 먹었을 때를 ×로 표시하여 조건을 따지면 다음과 같다.

	1	2	3	4	5	6	따 먹은 과자의 개수
1		○	×	○	○	○	8개
2	×		△	○	○	○	7개
3	○	△		△	△	△	6개
4	×	×	△		△	○	4개
5	×	×	△	△		△	3개
6	×	×	△	×	△		2개

따라서, 1등은 8개, 2등은 7개, 3등은 6개, 4등은 4개, 5등은 3개, 6등은 2개의 과자를 먹었다.

> **결론** 1등 : 8개, 2등 : 7개, 3등 : 6개,
> 4등 : 4개, 5등 : 3개, 6등 : 2개

셋 실전 모의고사

01 $1\sim9$는 한 자리 수이므로 숫자는 모두 9개이다.

$10\sim99$는 두 자리 수이므로 숫자는 모두 $(99-9)\times2=180$(개)이다.

$100\sim999$는 세 자리 수이므로 숫자는 모두 $(999-99)\times3=2700$(개)이다.

$1000\sim1299$는 네 자리 수이므로 숫자는 모두 $(1299-999)\times4=1200$(개)이다.

따라서, 1299의 일의 자리의 숫자 9는 $9+180+2700+1200=4089$(번째)의 숫자가 된다.

> **결론** 4089번째

02 8번 카드가 들어 있는 세트는 B, C 세트이므로 두 세트 중 하나를 반드시 선택하여 사야 한다.

B 세트를 살 경우 2, 5, 8번이 들어 있지 않은 A, E, G 세트 중에서 사야 하는데 모두 7번 카드가 들어 있지 않으므로 8가지 종류의 카드를 모두 구입할 수 없다.

C 세트를 살 경우 3, 7, 8번이 들어 있지 않은 A, D 세트를 사면 8종류의 카드를 모두 1장씩 살 수 있다.

따라서, 정희는 A, C, D 세 세트를 사야 8가지 종류의 카드를 모두 한 장씩 살 수 있다.

> **결론** A, C, D 세트

03 주어진 식을 인수분해 해 본다.
$$a^2-39b^2-c^2+10ab+16bc$$
$$=(a^2+10ab+25b^2)-(64b^2-16bc+c^2)$$
$$=(a+5b)^2-(8b-c)^2$$
$$=(a+5b+8b-c)(a+5b-8b+c)$$
$$=(a+13b-c)(a-3b+c)=0$$
a, b, c는 삼각형 ABC의 각 변의 길이이므로 $a+b>c$에서 $a+13b-c>0$이다.

따라서, $a-3b+c=0$이므로 $a+c=3b$이다.

> **결론** 풀이 참조

04 50명이 7일 동안 빚는 만두의 양은 기계가 $40-7-5=28$(일) 동안 빚는 만두의 양과 같다.

전체 만두의 주문량을 1이라 했을 때,

기계가 하루 동안 빚는 만두의 양은 $\frac{1}{40}\times7\div28=\frac{1}{160}$이고,

1명이 하루 동안 빚는 만두의 양은 $\frac{1}{40}\times\frac{1}{50}=\frac{1}{2000}$이다.

따라서, $\frac{1}{160}\div\frac{1}{2000}=12.5$에서 12명이 일을 그만두었다.

> **결론** 12명

05 작업간의 순서를 그리면 다음과 같다.

기획(4)── 시나리오(16) ┬ 구상(3) ── 스토리보드제작(2)
                              └ 성우교섭(2)

┬ 작화드로잉(22) ── 페인팅작업(6) ── 특수효과(4)
└ 사운드작업(3)

┬ 편집(3) ── 더빙(2)
├ 홍보물제작(1) ┐
└ 극장섭외(2) ┴ 홍보(3)

(편집+더빙)과 (극장섭외+홍보)는 (3+2)주와 (2+3)주로 똑같이 5주가 걸리므로 기획부터 극장에 상영되기까지는 최소
4+16+3+2+22+6+4+5=62(주)가 걸린다.

결론 62주

06 개구리가 20×3=60(cm)를 가는 동안 메뚜기는
15×4=60(cm)를 가므로 둘의 속도는 같다.
개구리는 출발점에서 4m되는 곳까지 400÷20=20(번)만에 뛰어갈 수 있다.
메뚜기는 15×26=390(cm)까지 26번 뛰어간 후 다음 번 뛸 때에는 390+15=405(cm)를 가게 된다.
따라서, 메뚜기가 왕복지점에서 5cm를 더 가게 되므로 총
5+5=10(cm)를 개구리보다 더 뛰게 되어 메뚜기가 진다.

결론 개구리

07
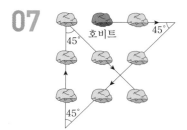

위의 그림과 같이 움직이면 45°의 각도로 3번 회전해 4개의 직선 모양이 된다. 이 때, 9개의 돌을 모두 밟고 지나갈 수 있으므로 호비트는 지하동굴을 무사히 탈출하여 골룸을 혼내주러 갈 수 있다.

결론 탈출할 수 있다.

08 한 명은 8번까지 인사를 주고받을 수 있고, 지은이를 제외한 9명이 인사를 주고받은 횟수가 전부 다르므로 각각 0, 1, 2, 3, 4, 5, 6, 7, 8번의 인사를 주고받은 것이다.
8번 인사를 주고받은 사람은 자신의 쌍둥이를 제외한 모두와 인사를 주고받은 것이므로 이 사람의 쌍둥이를 제외한 사람들은 모두 한 번 이상 인사를 주고받은 것이 되어 8번 인사를 주고받은 사람의 쌍둥이는 0번 인사를 주고받은 것이다.
같은 방식으로 생각해 보면 7번 인사를 주고받은 사람의 쌍둥이는 1번, 6번 인사를 주고받은 사람의 쌍둥이는 2번, 5번 인사를 주고받은 사람의 쌍둥이는 3번, 4번 인사를 주고받은 사람의 쌍둥이는 4번 인사를 주고받은 것이다. 지은이를 제외한 모든 사람은 인사를 주고받은 횟수가 다르므로 지은이가 4번, 정은이가 4번 인사를 주고받은 것임을 알 수 있다.
따라서, 지은이는 4번 인사를 주고받았다.

결론 4번

09 혈액형 간의 수혈 관계는 다음과 같다.

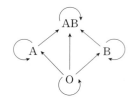

범이는 모두에게 수혈받을 수 있고, 모두와 다른 혈액형이며 윤호에게 수혈할 수 없으므로 AB형이다. 민호와 유미는 결혼하여 윤호의 혈액형이나 AB형인 자식을 낳을 수 있으므로 A형이나 B형이다. 윤호는 민호, 유미, 범이에게 수혈받을 수 없으므로 O형이다. 또, 윤호가 A형이 아니므로 승현이는 O형이다. 민호가 A형이면 승현이는 B형으로 모순이 되므로 민호는 B형, 유미는 A형이다.
따라서, 윤호는 O형, 민호는 B형, 유미는 A형, 범이는 AB형, 승현이는 O형이다.

결론 윤호 : O형, 민호 : B형, 유미 : A형,
범이 : AB형, 승현 : O형

10 문제에서 주어진 카드에 다음과 같이 순서대로 번호를 매긴다.

①	②	③	④
⑤	⑥	⑦	⑧
⑨	⑩	⑪	⑫
⑬	⑭	⑮	⑯

테두리의 모양에 따라 분류하면 ◇(①, ⑥, ⑫, ⑭), ♡(②, ③, ⑪, ⑯), ○(④, ⑦, ⑩, ⑬), ☆(⑤, ⑧, ⑨, ⑮)이다.
서로 다른 테두리 모양에서 안에 그려진 모양과 무늬를 비교하여 주어진 조건에 맞는 4장의 카드를 찾으면 다음의 2가지가 있다.

(⑨ ☆, ⑫ ◆, ⑬ ◯, ⑯ ♡),

(⑤ ☆, ⑩ ○, ⑫ ◆, ⑯ ♡)

결론 2가지

넷 실전 모의고사

01 맛이 어울리지 않는 재료에 ×표 해 본다.
- 양상추 : 양배추, 양파, 파프리카, 방울토마토, ~~사과~~, ~~키위~~, ~~바나나~~
- 양배추 : ~~양상추~~, ~~양파~~, 파프리카, ~~방울토마토~~, ~~사과~~, ~~키위~~, ~~바나나~~
- 양파 : 양상추, ~~양배추~~, ~~파프리카~~, ~~방울토마토~~, 사과, 키위, 바나나
- 파프리카 : 양상추, 양배추, 양파, 방울토마토, ~~사과~~, ~~키위~~, ~~바나나~~
- 방울토마토 : ~~양상추~~, ~~양배추~~, ~~양파~~, 파프리카, 사과, ~~키위~~, 바나나
- 사과 : ~~양상추~~, ~~양배추~~, 양파, ~~파프리카~~, 방울토마토, 키위, 바나나
- 키위 : 양상추, ~~양배추~~, 양파, ~~파프리카~~, ~~방울토마토~~, 사과, 바나나
- 바나나 : ~~양상추~~, ~~양배추~~, 양파, 파프리카, 방울토마토, 사과, 키위

양배추는 파프리카와만 맛이 어울리므로 양배추와 파프리카를 섞어서 샐러드를 만들고, 양파는 양배추, 파프리카, 바나나, 사과, 방울토마토를 제외한 양상추, 키위를 섞어서 샐러드를 만든다.
따라서, 남은 사과, 바나나, 방울토마토로 샐러드를 만들어서 최소 3가지 종류의 샐러드를 만들 수 있다.

　결론　3가지

02 세 명의 친구들이 사온 게임 CD는 모두 $2+3+3=8$(장)이고, 태호가 12000원을 냈으므로 네 친구가 게임을 하고 놀 게임 CD의 총 가격은 $12000 \times 4 = 48000$(원)이다.
따라서, 게임 CD 1장의 가격은 $48000 \div 8 = 6000$(원)이다.
지승이는 2장을 사왔으므로 $6000 \times 2 = 12000$(원)이 들었고, 승민이와 지윤이는 각각 3장씩 사왔으므로 $6000 \times 3 = 18000$(원)씩 들었다.
따라서, 태호가 낸 12000원은 승민이와 지윤이가 6000원씩 나누어 가지면 된다.

　결론　승민이와 지윤이가 6000원씩 나누어 가지면 된다.

03 뒷면이 초록색인 카드의 앞면에 광대 그림이 있는지를 알아보려면 뒷면이 초록색인 ③번을 뒤집어 앞면이 광대 그림인지 아닌지를 확인하고, 앞면이 은둔자 그림인 ④번과 연인 그림인 ⑤번을 뒤집어서 뒷면이 초록색인지 아닌지를 확인하면 된다.

　결론　③, ④, ⑤

04 병실에서 사용한 수와 실제 수의 의미는
$0 \to 0$, $1 \to 1$, $2 \to 2$, $3 \to 3$, $5 \to 4$, $6 \to 5$, $7 \to 6$, $8 \to 7$, $9 \to 8$이다.
즉, 0부터 9까지의 숫자 중 4를 제외한 9개의 숫자를 사용하였으므로 9진법으로 생각할 수 있다.
9진법으로 나타낸 수 $303_{(9)}$을 10진법으로 나타내면
$303_{(9)} = 3 \times 9^2 + 3 \times 1 = 246$이므로 병실은 모두 246개 있다.

다른 풀이

1에서 303까지의 수 중 4가 들어가는 수를 제외하고 세어본다.
(i) 4 또는 _4 또는 _ _4
1에서 303까지의 수 중 일의 자리의 수가 4인 수는
모두 $1 + 9 + 2 \times 10 = 30$(개)이다.

(ii) 4_ 또는 _4_
1에서 303까지의 수 중 십의 자리의 수가 4인 수는
모두 $10 + 2 \times 10 = 30$(개)이다.
(i)과 (ii)에서 44, 144, 244가 중복되어 세어지므로 1에서 303까지 수 중 4가 들어가는 수를 제외한 나머지 수는
$303 - (30 + 30 - 3) = 246$(개)이다.
따라서, 병실은 모두 246개가 있다.

　결론　246개

05 재열이가 스쳐 지나간 학생은 계단을 올라갈 때 $7+4=11$(명)이고, 내려갈 때 $3+11=14$(명)이므로 게임에 참가한 학생 수는 재열이를 포함하여 모두 $11+14+1=26$(명)이다.
재열이는 계단을 다 오르기 전까지 11명과 스쳐 지나갔으므로 내려오기 시작했을 때의 순위는 12위였고, 그 후 5명의 친구를 추월하고 한 명의 친구에게 추월당했으므로 재열이의 순위는
$12 - 5 + 1 = 8$(위)이다.

　결론　참가한 학생 수 : 26명, 재열이의 순위 : 8위

06

 첫 번째 1개

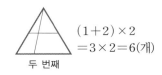 두 번째 $(1+2) \times 2 = 3 \times 2 = 6$(개)

 세 번째 $(1+2+3) \times 3 = 6 \times 3 = 18$(개)

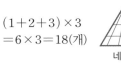 네 번째 $(1+2+3+4) \times 4 = 10 \times 4 = 40$(개)

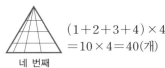 $\cdots$ n 번째 $(1+2+3+\cdots+n) \times n = \dfrac{n(n+1)}{2} \times n$(개)

따라서, 42번째에 오는 도형은 크고 작은 삼각형이 모두
$\dfrac{42 \times 43}{2} \times 42 = 37926$(개) 있다.

　결론　37926개

07 민정, 소민, 재희, 동혁, 연석이가 잡은 메뚜기의 수를 차례로 a, b, c, d, e라 하면, 주어진 조건은 다음과 같다.
① a, b, c, d, e는 자연수
② $a+b+c+d+e=15$
③ $a+e=b+c$
④ $b+e>c+d$
⑤ $a+b>c+e$
⑥ $d>a$, b, c, e
조건 ②, ③에서 d는 11 이하인 홀수이고, ⑥에서 $d \neq 1$, $d \neq 3$이다.
따라서, d는 5 또는 7 또는 9 또는 11이다.
(i) $d=5$일 때
$a+e=b+c=5$, $b+e>c+5$
$a=2$, $b=4$, $c=1$, $d=5$, $e=3$일 때 조건을 만족한다.

(ii) $d=7$일 때

$a+e=b+c=4$, $b+e>c+7$

이를 만족하는 a, b, c, d, e는 없다.

(iii) $d=9$일 때

$a+e=b+c=3$, $b+e>c+9$

이를 만족하는 a, b, c, d, e는 없다.

(iv) $d=11$일 때

$a+e=b+c=2$에서 $a=b=c=e=1$이므로 ⑤와 모순이다.

따라서, $a=2$, $b=4$, $c=1$, $d=5$, $e=3$이므로 민정이는 2마리,
소민이는 4마리, 재희는 1마리, 동혁이는 5마리, 연석이는 3마리
의 메뚜기를 잡았다.

> 결론 민정 : 2마리, 소민 : 4마리, 재희 : 1마리,
> 동혁 : 5마리, 연석 : 3마리

08 진 교수의 방에 붙어 있는 문제는 5×5 마방진을 만드는 문제이다.

홀수 마방진을 만드는 방법은 첫 행 가운데 칸에 첫 번째 숫자인 1을 넣고, 오른쪽으로 한 칸, 위로 한 칸 올라가서 다음 숫자를 적는다. 만약 이 숫자가 마방진을 벗어나면 마방진의 상하와 좌우가 맞붙어 있다고 생각하고 숫자를 적어나간다.

이를 반복하다가 이미 숫자가 적혀 있는 칸을 만나게 되면 마지막에 적은 칸의 바로 아래 칸에 다음 숫자를 넣고 다시 반복한다.

		1	8	15
	5	7	14	16
4	6	13		
10	12			3
11			2	9

⇒

17	24	1	8	15
23	5	7	14	16
4	6	13	20	22
10	12	19	21	3
11	18	25	2	9

따라서, 진 교수의 문제의 답은 다음과 같다.

27	34	11	18	25
33	15	17	24	26
14	16	23	30	32
20	22	29	31	13
21	28	35	12	19

> 결론 풀이 참조

09 키 $124\,\text{cm}$의 표준 체중은 $(124-100) \times 0.9 = 21.6(\text{kg})$에서 $\pm 4\,\text{kg}$ 이내이므로 표준 체중의 범위는 $17.6\,\text{kg}$ 이상 $25.6\,\text{kg}$ 이하이다. 이 범위에서 일의 자리 숫자와 십의 자리 숫자를 바꿨을 때, 어떤 수의 제곱이 될 수 있는 수는 18뿐이므로 은정이의 몸무게는 $18\,\text{kg}$이다.

표준 체중과의 차가 $2\,\text{kg}$이 넘는 사람은 없으므로 빈우와 민아의 몸무게의 범위는 $15.6\,\text{kg}$ 이상 $17.6\,\text{kg}$ 미만이거나 $25.6\,\text{kg}$ 초과 $27.6\,\text{kg}$ 이하이다. 은정이와 세희의 몸무게는 표준 체중이므로 이 범위 내에서 십의 자리 숫자와 일의 자리 숫자를 바꾼 몸무게의 차가 $\sqrt{81}=9$인 조건을 만족하는 민아와 세희의 몸무게는 각각 $27\,\text{kg}$, $18\,\text{kg}$ 또는 $16\,\text{kg}$, $25\,\text{kg}$인 경우이다. 그런데 민아가 $27\,\text{kg}$, 세희가 $18\,\text{kg}$인 경우 (빈우)$+27=18+18$에서 빈우는 $9\,\text{kg}$이므로 조건을 만족하지 않는다. 민아가 $16\,\text{kg}$, 세희가

$25\,\text{kg}$인 경우 (빈우)$+16=18+25$이므로 빈우는 $27\,\text{kg}$이다.

> 결론 $27\,\text{kg}$

10 은미, 보영, 윤재가 모두 자신의 깃발 색깔을 '모른다'고 대답할 경우를 생각해 본다.

윤재가 자신의 깃발 색깔을 모르는 경우는 지훈, 예빈, 은미, 보영 중 3명이 백색 깃발이고, 1명이 청색 깃발인 경우이거나 지훈, 예빈, 은미, 보영 중 2명이 청색 깃발이고, 2명이 백색 깃발인 경우이다. 윤재와 보영이 모두 자신의 깃발 색깔을 모르는 경우는 지훈, 예빈, 은미 중 2명이 백색 깃발이고 1명이 청색 깃발인 경우뿐이고 이 경우 은미는 항상 자신의 깃발 색깔을 알 수 있다.

따라서, 은미, 보영, 윤재 모두 자신의 깃발 색깔을 모르는 경우는 없으므로 은미 또는 보영 또는 윤재가 자신의 깃발 색깔을 맞힐 확률은 1이다.

> 결론 1

다섯 실전 모의고사

01 끝자리의 0의 개수는 10이 곱해진 개수만큼이며 $10=2\times5$에서 10이 곱해진 개수는 5가 곱해진 개수를 찾아 구할 수 있다.
$5=5^1$, $25=5^2$, $50=2\times5^2$, $75=3\times5^2$, $100=4\times5^2$, $125=5^3$, $150=6\times5^2$, $\cdots$과 같이 5가 곱해지는 개수를 생각하여 각각의 범위에 들어 있는 5의 개수를 구하면 다음과 같다.

1 ~25	26 ~50	51 ~75	76 ~100	101 ~125	126 ~150	151 ~175	176 ~200	201 ~225	226 ~250
6	6	6	6	7	6	6	6	6	7

244까지 곱하면 0의 개수가 $6\times4+7+6\times4+3=58$(개)이므로 끝자리에 0이 59번 반복되기 위해서는 k가 245, 246, 247, 248, 249 중 하나여야 한다.
따라서, 자연수 k의 최소값은 245이고, 최대값은 249이다.

　　　　　(결론) 최소값 : 245, 최대값 : 249

02 민아와 혁진이가 서로 상반된 이야기를 하고 있으므로 둘 중 한 명이 거짓말을 하고 있다.
민아가 거짓말을 한 경우 수호의 말에 의해 은수와 정인이는 강아지를 키운다. 또, 예린이의 말에 의해 소윤이와 예린이 중 한 명은 고양이, 다른 한 명은 햄스터를 키운다. 이 때, 혁진이와 같은 동물을 키우는 어린이가 민아 외에도 존재하므로 조건에 모순된다.
따라서, 거짓말한 어린이는 혁진이고, 각각의 어린이가 키우는 애완동물은 다음과 같다.

민아	소윤	은수	예린	혁진	정인	수호
고양이	고양이	강아지	햄스터	고양이	강아지	강아지

　　(결론) 거짓말을 한 어린이 : 혁진, 민아 : 고양이, 소윤 : 고양이,
　　　　은수 : 강아지, 예린 : 햄스터, 혁진 : 고양이,
　　　　정인 : 강아지, 수호 : 강아지

03 5명이 가지고 있는 연료를 합하면 400 L이므로 마지막에는 각각 $400\div5=80$(L)씩 가지고 있게 된다. 마지막에서 처음까지 거꾸로 생각하여 구해본다.

1호기	2호기	3호기	4호기	5호기
80 L	80 L	80 L	80 L	80 L
40 L	40 L	40 L	40 L	240 L
20 L	20 L	20 L	220 L	120 L
10 L	10 L	210 L	110 L	60 L
5 L	205 L	105 L	55 L	30 L
202.5 L	102.5 L	52.5 L	27.5 L	15 L

따라서, 맨 처음 각각 가지고 있던 연료의 양은 1호기는 202.5 L, 2호기는 102.5 L, 3호기는 52.5 L, 4호기는 27.5 L, 5호기는 15 L이다.

　　　(결론) 1호기 : 202.5 L, 2호기 : 102.5 L, 3호기 : 52.5 L,
　　　　　4호기 : 27.5 L, 5호기 : 15 L

04 첫 번째 시약에는 최대 26종류의 약물을 차례로 넣어봐야 하고, 두 번째 시약에는 첫 번째 시약에 반응한 약물을 제외한 최대 25

종류의 약물을 차례로 넣어봐야 한다. 세 번째 시약에는 최대 24종류, $\cdots$, 25번째 시약에는 최대 2종류, 26번째 시약에는 최대 1종류의 약물을 넣어봐야 한다.
따라서, 카모는 시약병에 약물을 최대
$26+25+24+\cdots+2+1=26\times27\div2=351$(번) 넣어봐야 한다.

　　　　　(결론) 351번

05 주어진 조건에 의해서 나올 수 있는 경우는 다음과 같다.
(i) 선아 – 준희, 민우, 태하, 정수, 은주
　　준희 – 선아, 민우, 태하
　　민우 – 선아, 준희, 은주
　　태하 – 선아, 준희
　　정수 – 선아
　　은주 – 선아, 민우
(ii) 선아 – 준희, 민우, 태하, 정수, 은주
　　준희 – 선아, 민우, 은주
　　민우 – 선아, 준희, 태하
　　태하 – 선아, 민우
　　정수 – 선아
　　은주 – 선아, 준희
(iii) 선아 – 준희, 민우, 태하, 정수, 은주
　　준희 – 선아, 민우, 은주
　　민우 – 선아, 준희, 은주
　　태하 – 선아, 은주
　　정수 – 선아
　　은주 – 선아, 준희, 민우, 태하
따라서, 은주는 2명 또는 4명과 노래를 불렀으므로 최소 2명과 노래를 불렀다.

　　　　　(결론) 2명

06 라면 쪽의 벨트 컨베이어가 75 m를 움직이는 동안 봉지 쪽의 벨트 컨베이어는 80 m를 움직인다.
두 벨트 컨베이어의 길이가 각각 80 m와 85 m가 되어도 라면 쪽이 75 m를 움직이는 동안 봉지 쪽은 80 m를 움직이게 되므로 각각 5 m씩 남게 된다.
도착지점까지 봉지 쪽이 5 m를 움직이는 동안 라면 쪽은
$5\times\dfrac{75}{80}=4\dfrac{11}{16}$(m)를 움직이게 되므로 봉지가 라면보다 빨리 도착하게 된다.

　　　　　(결론) 봉지가 먼저 도착한다.

07 나비의 각 부분을 오른쪽 그림과 같이 나타낸다.
(i) ㉢ 부분에 쓰여진 수는 ㉡÷㉠=㉢이므로 네 번째 나비의 ㉡ 부분은 $7\times9=63$이다.
(ii) ㉕ 부분에 쓰여진 수는
　　(㉣－㉤)÷2=㉕이므로 네 번째 나비의 ㉕ 부분은 $(39-27)\div2=6$이다.

(iii) Ⓐ 부분에 쓰여진 수는 (㉠+㉡+㉢)과 (㉣+㉤+㉥)의 차
이고, ◎ 부분에 쓰여진 수는 (㉠+㉡+㉢)과 (㉣+㉤+㉥)의
합이다.

따라서, 네 번째 나비의 Ⓐ 부분은
$(7+9+63)-(39+27+6)=7$이고,
◎ 부분은 $(7+9+63)+(39+27+6)=151$이다.

> **결론** 7, 151, 63, 6

08

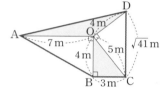

피타고라스의 정리를 이용하여 선분 OC, OB의 길이를 구하면,
$\overline{OC}^2=\overline{CD}^2-\overline{OD}^2=(\sqrt{41})^2-4^2=25$이므로
$\overline{OC}=5(\text{m})$이다.
$\overline{OB}^2=\overline{OC}^2-\overline{BC}^2=5^2-3^2=16$이므로 $\overline{OB}=4(\text{m})$이다.
$\angle AOD+\angle BOC=360°-90°-90°=180°$이고,
$\overline{OD}=\overline{OB}$이므로 두 변을 붙여 선분 AO와
OC가 일직선이 되도록 움직이면 오른쪽
그림과 같은 삼각형이 된다.
따라서, 잔디가 심어져 있는 부분의 넓이는
$\dfrac{12}{5}\times\triangle OBC=\dfrac{12}{5}\times\dfrac{1}{2}\times3\times4=\dfrac{72}{5}(\text{m}^2)$
이다.

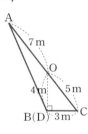

> **결론** $\dfrac{72}{5}$ m²

09 53번째 쿠키를 먹는 사람이 이기는 것이므로 53번째 쿠키를 보경
이가 먹으면 보경이가 이길 수 있다. 보경이가 맨 처음 3개의 쿠
키를 가져가고, 그 다음 번부터 남아 있는 쿠키의 수를
(5의 배수+1)개가 되도록 남기면 보경이가 이긴다.
자영이가 1개 → 보경이가 4개
자영이가 2개 → 보경이가 3개
자영이가 3개 → 보경이가 2개
자영이가 4개 → 보경이가 1개
따라서, 보경이가 가져간 뒤 남은 쿠키의 수는 $51 \to 46 \to 41$
$\to 36 \to 31 \to 26 \to 21 \to 16 \to 11 \to 6 \to 1$이 되어 보경이가
이긴다.

> **결론** 풀이 참조

10 (i)에서 4반을 가르치는 선생님은 a 선생님이 아니고, a 선생님과
4반을 가르치는 선생님은 여자임을 알 수 있다.
(ii)에서 1반과 6반을 가르치는 선생님은 b 선생님이 아님을 알 수
있고, 1반을 가르치는 선생님은 여자이고, b 선생님은 남자임을

알 수 있다.
(iii), (iv)에서 a, c, d 선생님은 오늘 결근하지 않았으므로 3반을 가
르치는 선생님은 b 선생님이다.
(iii), (vii)에서 5반을 가르치는 선생님은 a 선생님이고, 여자이다.
또, 8반을 가르치는 선생님은 d 선생님이고 (v)에서 여자임을 알
수 있다.
(ii)에서 6반을 가르치는 선생님은 b 선생님이 아니고, (v)에서 a,
d 선생님이 아니므로 c 선생님이다.
(i)에서 4반을 가르치는 선생님은 여자이고, a 선생님이 아니므로
d 선생님이다.
(vi)에서 a 선생님만 연속된 숫자의 두 반을 가르치므로 1반, 2반을
가르치는 선생님은 a 선생님이고, 7반을 가르치는 선생님은 b 선
생님이다.
따라서, a 선생님은 1반, 2반, 5반, b 선생님은 3반, 7반, c 선생님
은 6반, d 선생님은 4반, 8반을 가르친다.

> **결론** a : 1반, 2반, 5반, b : 3반, 7반, c : 6반, d : 4반, 8반

여섯 실전 모의고사

01 상미가 14일 동안 하는 일의 양은 윤지와 기환이가 함께
$20-14=6$(일) 동안 하는 일의 양과 같다.
전체 일의 양을 1이라 하면 윤지와 기환이가 함께 하루에 하는
일의 양이 $\dfrac{1}{20}$이므로 상미가 혼자 하루에 하는 일의 양은

$\dfrac{6}{20} \times \dfrac{1}{14} = \dfrac{3}{140}$이다.

따라서, 상미가 혼자 일한다면 $1 \div \dfrac{3}{140} = 46.66\cdots$에서 최소 47
일 동안 일해야 벽화 작업을 완성할 수 있다.

> **결론** 47일

02 문제에서 주어진 조건에 따라 각 모양의 블록을 배열하면 다음과
같다.

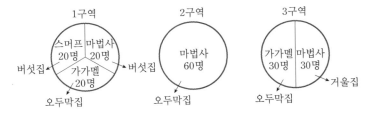

> **결론** 풀이 참조

03 n개의 팀이 있고 각 팀이 자신을 제외한 모든 팀과 한 번씩 경기
를 한다고 하면, 한 팀은 $(n-1)$번의 경기를 하므로
총 경기 횟수는 $\dfrac{n(n-1)}{2}$번이다.

이 때, 각 팀의 경기 횟수가 모두 같지는 않았으므로
$\dfrac{n(n-1)}{2} \geq 1168$이다. $n(n-1) \geq 2336$에서 $48 \times 47 = 2256$,
$49 \times 48 = 2352$이므로 n의 최소값은 49이다.
따라서, 경기에 참가한 팀은 최소 49팀이다.

> **결론** 49팀

04 버섯집에 산다고 말할 수 있는 종족은 스머프족, 가가멜족, 마법사
족이고, 오두막집에 산다고 말할 수 있는 종족은 마법사족뿐이며,
거울집에 산다고 말할 수 있는 종족은 가가멜족과 마법사족이다.
따라서, 1구역에는 스머프족, 가가멜족, 마법사족이 각각
$60 \div 3 = 20$(명)씩 들어가 있고, 2구역에는 마법사족이 60명, 3구
역에는 가가멜족과 마법사족이 각각 $60 \div 2 = 30$(명)씩 들어가 있
다.
구역마다 각 종족이 살게 될 집을 추론해 보면 다음과 같다.

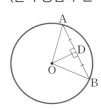

버섯집 : $20+20=40$(명)
오두막집 : $20+60+30=110$(명)
거울집 : 30명

> **결론** 버섯집 : 40명, 오두막집 : 110명, 거울집 : 30명

05 실험 당일 생긴 암세포 1개에서 한 주가 지날 때마다 변화하는 암
세포의 수는 1, 2, 3, 5, 8, 13, 21, ⋯개가 된다.
즉, 1, 1, 1+1=2, 1+2=3, 2+3=5, 3+5=8, ⋯이므로
앞의 두 주의 세포 수를 더하면 그 다음 주의 세포 수를 알 수 있
다.
1, 1, 2, 3, 5, 8, 13, 21, 34, 55, 89, 144, 233, 377, 610, 987,
1597, 2584, 4181, 6765, 10946, ⋯에서 20주가 지나면 실험을
중지한다.

> **결론** 20주

06 똘똘이가 서점 주인보다 책을 먼저 가져가기 시작한다. 똘똘이가
처음에 가장 중앙에 있는 책을 가져가서 양쪽에 남아 있는 책의
권수를 같게 한다.
다음에 서점 주인이 1권을 가져가면 똘똘이는 중앙을 중심으로
서점 주인이 가져간 책과 대칭되는 곳에 있는 1권을, 서점 주인이
2권을 가져가면 똘똘이는 중앙을 중심으로 서점 주인이 가져간
책과 대칭되는 곳에 있는 2권을 가져가는 것을 반복하게 되면 똘
똘이는 반드시 서점 주인을 이길 수 있다.

> **결론** 풀이 참조

07 세 점 A, B, C를 이어 삼각형 ABC의
외심 O를 구한다.
도형 ADOF 안쪽에 있을 때는 A 선
착장을, 도형 BDOE 안쪽에 있을 때
는 B 선착장을, 도형 CEOF 안쪽에
있을 때는 C 선착장을 이용하는 것이
가장 가깝다.

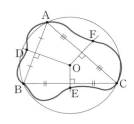

그리고, $\overline{DO}$ 위에 있을 때는 A 또는 B 선착장을, $\overline{OF}$ 위에 있을
때는 A 또는 C 선착장을, $\overline{OE}$ 위에 있을 때는 B 또는 C 선착장
을 이용하는 것이 가장 가깝다.
점 O의 위치에 있을 때는 A, B, C 중 어느 선착장을 이용하여도
그 거리는 같다.
〈삼각형의 외심〉
외심은 삼각형의 세 변의 수직이등분선의 교점으로, 외심에서 삼
각형의 세 꼭지점에 이르는 거리는 같다.
〈원의 중심과 현의 관계〉
원의 중심에서 현 AB에 수직이등분선을 그
으면 $\triangle OAD \equiv \triangle OBD$이다.

> **결론** 풀이 참조

08 (i) 바구니 안에서 꺼낸 사탕 2개가 계속 사과맛 사탕일 경우
사과맛 사탕은 항상 2개씩 줄어든다. 따라서, 사과맛 사탕이
짝수 개 들어 있었을 때는 딸기맛 사탕이 남고, 사과맛 사탕이
홀수 개 들어 있었을 때는 사과맛 사탕이 1개 남는다.

(ii) 바구니 안에서 꺼낸 사탕 2개가 계속 딸기맛 사탕일 경우
딸기맛 사탕은 1개가 남고 사과맛 사탕의 개수에는 변함이 없
다. 따라서, 사과맛 사탕이 짝수 개 들어 있었으면 딸기맛 사
탕이 남고, 사과맛 사탕이 홀수 개 들어 있었으면 사과맛 사탕
이 남는다.

(iii) 바구니 안에서 꺼낸 사탕 2개가 계속 딸기맛 사탕 1개, 사과맛
사탕 1개일 경우
딸기맛 사탕은 한 개도 남지 않고, 사과맛 사탕의 개수는 그대
로 남는다. 따라서, 사과맛 사탕이 짝수 개 들어 있었으면 딸
기맛 사탕이 남고, 사과맛 사탕이 홀수 개 들어 있었으면 사과
맛 사탕이 남는다.

반드시 사과맛 사탕이 남기 위해서는 딸기맛 사탕의 개수와는 상
관없이 처음 사과맛 사탕의 개수를 홀수 개로 넣으면 항상 사과맛
사탕이 남게 된다.
따라서, 딸기맛 사탕은 m개$(m \geq 10)$, 사과맛 사탕은
$(2n+1)$개$(n \geq 5)$ 넣어야 한다.

> **결론** 딸기맛 사탕 : m개$(m \geq 10)$,
> 사과맛 사탕 : $(2n+1)$개$(n \geq 5)$

09 쌓여 있는 상자는 높이가 $60\,cm \times 5 = 300\,cm = 3\,m$이고, 너비
가 $60\,cm \times 3 = 180\,cm = 1.8\,m$이므로
민기는 높이가 $3\,m$이고, 너비가 $1.8 + 0.2 = 2(m)$인 장애물을
넘도록 신문을 던져야 한다.
던져진 신문은 포물선을 그리며 이동하고, 민기가 최대로 던질 수
있는 높이가 $4\,m$이므로 점 $(0, 4)$를 꼭지점으로 잡아 그래프를
그리면 다음 그림과 같은 그래프가 나온다.

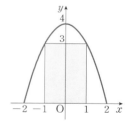

$y = ax^2 + 4$에 상자의 끝쪽 한 점을 $(1, 3)$으로 잡고 a의 값을 구
하면 $a = -1$이므로 $y = -x^2 + 4$이다.
$y = -(x-2)(x+2)$에서 x절편은 -2, 2이다.
따라서, 민기는 담에서 최소 $2 - 1 = 1(m)$ 초과하여 떨어진 곳에
서 신문을 던져야 신문대금을 제대로 받을 수 있다.

> **결론** $1\,m$

10
(단위 : 송이)

	마을에 내려간 난쟁이			아름	푸른	예쁜
(i)	몽	봉	밍	1	1	2
(ii)	빙	봉	맹	2	2	1
(iii)	붕	몽	빙	2	0	1
(iv)	맹	밍	뱅	0	2	1

(iii)에서 붕, 몽, 빙은 푸른꽃가게에서 꽃을 사지 않았으므로 3명
모두 히아신스, 백합, 후리지아를 좋아하지 않고, (iv)에서 맹, 밍,
뱅은 예쁜꽃가게에서 꽃을 사지 않았으므로 3명 모두 백합, 튤립,
카라를 좋아하지 않는다.
즉, 봉이 백합을 좋아하지 않으면 백합을 좋아하는 난쟁이가 없
고, (ii)에서 백합을 좋아하는 난쟁이가 없으면 조건을 만족하지 않
으므로 봉은 백합을 좋아한다.
또, (i)에서 몽, 밍 중 한 명은 국화를 좋아한다.
(ii)에서 빙, 맹 중 한 명은 튤립을 좋아하고, 다른 한 명은 히아신
스나 후리지아를 좋아하는데 (iii)에서 빙은 히아신스와 후리지아를
좋아하지 않으므로 튤립을 좋아한다.
또, 몽이 국화를 좋아한다면 (iii)에서 아름꽃가게에서 2송이를 사
야하므로 붕이 카라를 좋아해야 하지만 예쁜꽃가게에서 1송이만
사려면 붕은 카라를 좋아하지 않아야 하므로 모순이다. 몽이 국화
를 좋아하지 않으므로 밍이 국화를 좋아하고, (iii)에서 붕이 카라를
좋아한다.
(iv)에서 맹, 뱅은 히아신스와 후리지아를 좋아하므로 문제의 조건
에 의해 뱅은 후리지아를 좋아하고 맹은 히아신스를 좋아한다.
또, 난쟁이 중 한 명은 장미를 좋아하므로 몽이 장미를 좋아한다.

몽	봉	밍	맹	붕	빙	뱅
장미	백합	국화	히아신스	카라	튤립	후리지아

> **결론** 몽 : 장미, 봉 : 백합, 밍 : 국화, 맹 : 히아신스,
> 붕 : 카라, 빙 : 튤립, 뱅 : 후리지아

일곱 실전 모의고사

01 A에서 출발하면 B를 첫 번째에 밟게 되므로 한 번 왕복하여 A를 밟는 것은 12번째가 된다.
따라서, $12 \times 262 = 3144$(번째)에 A를 밟게 되므로 정욱이는 3150번째에 G를 밟게 된다.

결론 G

02 (i) 2번 조건을 보면 휴지 24롤과 참치세트 중 하나는 꼭 가져가야 하므로 휴지 24롤을 가져간다고 하면 1번 조건에 의해 식용유와 세제는 가져갈 수 없다.
또, 식용유는 가져갈 수 없으므로 라면 한 박스와 수건세트를 가져가야 하고, 세제를 가져갈 수 없으므로 5번 조건에 의해 비누세트를 가져갈 수 없다.

(ii) 2번 조건에서 참치세트를 가져간다고 하면 3번 조건에 의해 식용유와 비누세트를 가져가야 한다. 식용유를 가져가므로 1번 조건에 의해 휴지 24롤과 세제를 가져갈 수 없다. 비누세트를 가져가려면 5번 조건에 의해 세제와 라면 한 박스를 가져가야 하는데 세제는 가져갈 수 없으므로 모순이다.

따라서, 싸다마트에서 고객들에게 증정하려는 사은품은 휴지 24롤, 수건세트, 라면 한 박스이다.

결론 휴지 24롤, 수건세트, 라면 한 박스

03 마을회관의 위치를 원점 O으로 두고, 각자 집의 위치를 좌표축에 나타내어 보면 다음과 같다.

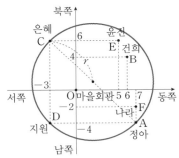

방송 유효범위를 r이라 하면 스피커의 설치 위치는 반지름이 r인 원의 중심이다.
두 집을 이은 선분을 지름으로 하는 원을 만들어 방송 유효범위 r 안에 모든 집이 들어가는 것을 구한다. $\overline{AC}$를 지름으로 하는 원을 그릴 때, 모든 집들이 들어가므로 원의 중심의 위치는 $\left(\dfrac{7-3}{2}, \dfrac{-4+6}{2}\right) = (2, 1)$이다.
따라서, 스피커는 마을회관에서 북쪽으로 $1\,\mathrm{km}$, 동쪽으로 $2\,\mathrm{km}$ 떨어진 곳에 설치하면 된다.

결론 마을회관에서 북쪽으로 $1\,\mathrm{km}$, 동쪽으로 $2\,\mathrm{km}$ 떨어진 곳

04 8쌍의 제비부부 중 2쌍의 제비부부가 모두 애벌레를 잡지 못한 경우는 $\dfrac{8 \times 7}{2 \times 1} = 28$(가지)이다. 나머지 6쌍의 제비 12마리 중 8마리가 애벌레를 잡으므로 6쌍의 제비부부 중 2쌍의 제비부부가 모

두 애벌레를 잡는 경우는 $\dfrac{6 \times 5}{2 \times 1} = 15$(가지)이다. 나머지 4쌍의 제비부부 중에서 부부 한 쌍이 한 마리만 애벌레를 잡는 경우는 $2 \times 2 \times 2 \times 2 = 16$(가지)이다.
따라서, 애벌레를 하나도 잡지 못한 제비부부가 두 쌍이 있는 경우는 모두 $28 \times 15 \times 16 = 6720$(가지)이다.

결론 6720가지

05 $1 + 2 + \cdots + 11 + 12 = 78$이므로 $78 \times \dfrac{3}{3+10} = 18$에서 연속된 수의 합이 18인 수들을 찾는다.
즉, 두 집합의 원소의 합이 18과 60인 두 집합은 다음과 같은 3가지가 있다.
$\{12, 1, 2, 3\}$과 $\{4, 5, 6, 7, 8, 9, 10, 11\}$인 경우는 3시 55분~4시, 11시 15분~11시 20분이다.
$\{3, 4, 5, 6\}$과 $\{7, 8, 9, 10, 11, 12, 1, 2\}$인 경우는 2시 30분~2시 35분, 6시 10분~6시 15분이다.
$\{5, 6, 7\}$과 $\{8, 9, 10, 11, 12, 1, 2, 3, 4\}$인 경우는 4시 35분~4시 40분, 7시 20분~7시 25분이다. 12시간 동안 $5 \times 6 = 30$(분)이고, 하루는 24시간이므로 웬디가 하루에 15세의 모습을 하고 있는 시간은 $30 \times 2 = 60$(분)이다.

결론 60분

06 18판에서 각각 1개씩을 꺼낸다.
① 양팔저울의 왼쪽과 오른쪽에 각각 6개씩 올려놓는다. 이 때, 양팔저울이 한 쪽으로 기울지 않고 평형을 유지한다면 남아 있는 6개 중에 오리알이 있다. 또는 양팔저울의 한 쪽이 내려간다면 내려간 쪽에 오리알이 있다.
② 이렇게 범위가 축소되면 다시 6개의 알 중에 각각 2개씩 양팔저울의 왼쪽과 오른쪽에 올려놓고, ①과 같은 방법으로 오리알이 속해 있는 2개의 알을 찾는다.
③ 2개의 알을 1개씩 양팔저울에 올리면 둘 중 무거운 쪽이 오리알이다.
따라서, 18판 중 오리알 한 판을 찾으려면 양팔저울을 적어도 3번 사용해야 한다.

결론 풀이 참조

07 지영이와 중근이는 서로 승패가 같으므로 지영이가 중근이를 이겼을 경우 중근이가 1패가 생기고, 중근이가 지영이를 이겼을 경우 지영이가 1패가 생기므로 지영이는 최소한 1패를 했다.
지영이가 7승을 했을 경우 지영이가 중근이에게 졌다면 건욱, 준혁, 유빈이를 모두 이겨야 하는데 이것은 준혁이가 건욱이를 이긴 사람에게 이겨야 한다는 조건에 모순이 된다.
따라서, 지영이는 최소한 2패를 했다.
지영이가 4승을 했을 경우 중근이를 제외한 사람들은 3승 이하의 결과이어야 하는데 만약 준혁이가 3승 5패를 하면 유빈이는 적어도 5승을 해야 하므로 지영이가 우승이었다는 사실에 모순된다.
따라서, 예상할 수 있는 지영이의 이긴 횟수는 5회 또는 6회이다.

결론 5회, 6회

08

$\overline{A_0B_0}=1\,\text{m}$

A_1은 B_0을 중심으로 $\overline{A_0B_0}:\overline{B_0A_1}=1:2$인 지점이고,

B_1은 A_0을 중심으로 $\overline{B_0A_0}:\overline{A_0B_1}=1:2$인 지점이므로

$\overline{A_1B_1}=2+1+2=5=5^1(\text{m})\,(\because \overline{B_1A_0}=\overline{B_0A_1}=2)$이다.

A_2는 B_1을 중심으로 $\overline{A_1B_1}:\overline{B_1A_2}=1:2$인 지점이고,

B_2는 A_1을 중심으로 $\overline{B_1A_1}:\overline{A_1B_2}=1:2$인 지점이므로

$\overline{A_2B_2}=10+5+10=25=5^2(\text{m})\,(\because \overline{B_2A_1}=\overline{B_1A_2}=10)$이다.

이와 같은 방법으로 $\overline{A_nB_n}$을 구하면

$\overline{A_nB_n}=5^n\,\text{m}$

$\overline{A_nB_n}<421\,\text{km}$, $5^n<421000$, $5^8=390625$, $5^9=1953125$이므로 $n=8$이다.

따라서, A_0에서 A_8까지 9대, B_0에서 B_8까지 9대로 총 $9+9=18$(대)의 카메라를 지나치게 된다.

결론 18대

09

1칸을 빌린다고 할 때, 일꾼의 식량은 생각하지 않는다고 하여도 3명이 7일 동안 먹을 21일분의 식량을 실을 수 없으므로 대륙횡단여행이 불가능하다.

2칸을 빌린다고 할 때, 둘째 날까지 일꾼들과 3명이 10일분의 식사를 하고, 두 번째 짐칸의 일꾼이 2일분의 식량을 가지고 돌아가면 첫 번째 짐칸에는 12일분의 식량이 있다. 4일째까지 이틀 동안 8일분의 식사를 하고 첫 번째 짐칸의 일꾼이 4일분의 식사를 가지고 돌아가면 3명이 탄 칸에는 7일분의 식량이 남아 3일 동안 먹을 식량이 모자라므로 대륙횡단여행이 불가능하다.

3칸을 빌린다고 할 때, 둘째 날까지 일꾼들과 3명이 12일분의 식사를 하면 세 번째 짐칸이 비게 된다.

따라서, 세 번째 짐칸의 일꾼이 2일분의 식사를 가지고 돌아가면 두 번째 짐칸에는 10일분의 식량이 남게 된다. 4일째가 되어 이틀 동안에 10일분의 식사를 하고 나면 두 번째 짐칸이 비게 되어 두 번째 짐칸의 일꾼이 4일분의 식사를 가지고 돌아가면 첫 번째 짐칸에 8일분의 식량이 남게 된다. 5일째에는 4일분의 식사를 하고 나면 첫 번째 짐칸에 4일분의 식량이 남아 있고, 첫 번째 짐칸의 일꾼이 5일분의 식량을 가지고 돌아가면 3명이 탄 칸에 6일분의 식량이 있으므로 남은 이틀 동안 무사히 여행을 할 수 있다.

결론 3칸

10

15번 TV의 경우에는 맨 처음 TV의 채널을 6번에 맞추고, 3의 배수 번호가 있는 TV의 채널을 맞출 때 7번으로, 5의 배수 번호가 있는 TV의 채널을 맞출 때 11번으로, 15의 배수 번호가 있는 TV의 채널을 맞출 때 6번으로 바뀐다.

이와 같이 TV채널은 TV번호의 약수의 개수만큼씩 바뀌게 된다. 50회의 테스트를 모두 마친 후, 11번에 맞추어 있는 TV는 약수의 개수가 3의 배수인 것이다.

따라서, 4, 9, 12, 18, 20, 25, 28, 32, 36, 44, 45, 49, 50번의 번호가 있는 13대의 TV가 11번 채널에 맞추어져 있다.

결론 13대

여덟 실전 모의고사

01

1마리의 개구리는 하루에 1800개의 알을 낳으므로 3마리의 개구리는 하루에 $1800\times3=5400$(개)의 알을 낳는다.

알 5400개는 8일 후 $5400\times0.4=2160$(마리)의 올챙이가 되고, 2160마리의 올챙이는 28일 후 $2160\times0.15=324$(마리)의 개구리가 된다. 알이 개구리가 되는 데에는 $8+7\times4=36$(일)이 걸리므로 40일 후에는 개구리가 $3+324\times5=3+1620=1623$(마리)가 된다.

따라서, 40일 후에는 1623마리의 개구리를 잡을 수 있다.

결론 1623마리

02

오른쪽 그림과 같이 광어 초밥을 임의의 금색 접시에 놓고, 나머지 접시에 시계 방향으로 번호를 붙여 생각한다.

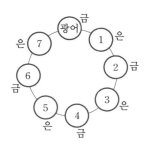

(i) 계란말이 초밥과 갑오징어 초밥은 광어 초밥 옆에 있지 않으므로 각각 3번과 5번 중에 하나이다. 계란말이 초밥이 3번에 있다고 하면 도미 초밥은 4번에 있고, 5번에는 갑오징어 초밥이 있으므로 ②번 조건에 모순된다.

따라서, 계란말이 초밥은 5번에 있고, 도미 초밥은 6번, 갑오징어 초밥은 3번 접시에 있다.

(ii) 연어 초밥과 새우 초밥은 금색 접시에 놓여 있으므로 2번과 4번 중 하나이고, 연어 초밥의 반시계 방향으로 새우 초밥이 있으므로 연어 초밥은 4번에 있고, 새우 초밥은 2번 접시에 있다.

(iii) ④에서 광어 초밥의 마주 보는 접시의 왼쪽에 있는 접시와 마주 보는 접시는 참치 초밥이므로 참치 초밥은 1번 접시에 있다.

따라서, 광어 초밥부터 시계 방향으로 놓여 있는 초밥은 광어, 참치, 새우, 갑오징어, 연어, 계란말이, 도미, 날치알 초밥의 순이다.

결론 광어, 참치, 새우, 갑오징어, 연어, 계란말이, 도미, 날치알 초밥

03

3시간은 $3\times60\times60=10800$(초)이므로 학생들이 두 명씩 나와서 춤을 춘 횟수는 총 $10800\div20=540$(회)이다.

학생 수를 모두 n명이라 하고, 각각 m번씩 춤을 추었다고 하면 $n\times m=540\times2=2^3\times3^3\times5$이다.

또, 각각의 학생은 자신을 제외한 m명과 춤을 추었으므로 $n>m$을 만족해야 하고, 이를 만족하는 가장 작은 n의 값은 $n=36$이고, $m=1080\div36=30$이다.

따라서, 춤을 춘 학생 수는 최소 36명이다.

결론 36명

04

1, 2가 있으면 1, 2, $1+2=3$을 만들 수 있고, 1, 2, 4가 있으면 1, 2, $1+2=3$, 4, $1+4=5$, $2+4=6$, $1+2+4=7$까지 만들

수 있다. 같은 방법으로 8을 추가하면 1부터 $1+2+4+8=15$까지 만들 수 있다.

이와 같이 2의 거듭제곱수들을 추가해 나가면 연속하는 수들을 계속 만들 수 있다. 1부터 2의 거듭제곱수들을 차례로 더해서 800 이상이 되도록 만들어 보면

$1+2+2^2+2^3+2^4+2^5+2^6+2^7+2^8+2^9$
$=1+2+4+8+16+32+64+128+256+512$
$=1023$이므로

1~9번째 묶음까지 각각 10, 20, 40, 80, 160, 320, 640, 1280, 2560장씩 천 원짜리 지폐를 넣는다.

그리고, 마지막 10번째 묶음에는
$8000-(10230-5120)=2890$(장)을 넣어놓으면 묶음을 풀지 않고도 1장에서 800장까지의 만 원짜리 지폐를 천 원짜리로 교환해 갈 수 있다.

> **결론** 10, 20, 40, 80, 160, 320, 640, 1280, 2560, 2890장

05 색을 만들 때 반드시 3가지 색의 물감을 섞어 만들므로 물감을 쓴 총 횟수는 3의 배수가 되어야 한다. 노란색 물감과 하얀색 물감을 쓴 횟수는 총 $11+7=18$(번)이고, 빨간색 물감과 파란색 물감을 쓴 횟수는 각각 8번, 9번, 10번 중의 하나이므로 빨간색 물감과 파란색 물감을 쓴 횟수는 총 $8+10=9+9=10+8=18$(번)이다.

따라서, 4가지 물감을 쓴 총 횟수는 $18+18=36$(번)이고, 한 번에 3가지 물감을 섞으므로 혼합색은 모두 $36\div3=12$(번) 만들었다.

> **결론** 12번

06 진앙에서 $9\,km$ 떨어진 지점인 A_1까지는 진앙에서와 같은 강도의 지진파가 측정되었고, A_1부터 $\left(9\times\dfrac{1}{3}\right)m$ 떨어진 지점인 A_2까지는 진앙에서 측정된 강도의 $\dfrac{1}{2}$의 지진파가 측정되었다.

또, A_2부터 $\left\{9\times\left(\dfrac{1}{3}\right)^2\right\}m$ 떨어진 지점인 A_3까지는 진앙에서 측정된 강도의 $\left(\dfrac{1}{2}\right)^2$의 지진파가 측정되었다.

지진파가 퍼져나간 거리를 진앙으로부터 $x\,km$ 떨어진 곳까지라 하면

$9+9\times\dfrac{1}{3}+9\times\left(\dfrac{1}{3}\right)^2+9\times\left(\dfrac{1}{3}\right)^3+\cdots=x$ ⋯ ①

①의 양변에 $\dfrac{1}{3}$을 곱하면

$9\times\dfrac{1}{3}+9\times\left(\dfrac{1}{3}\right)^2+9\times\left(\dfrac{1}{3}\right)^3+9\times\left(\dfrac{1}{3}\right)^4+\cdots=\dfrac{1}{3}x$ ⋯ ②

①－②를 하면

$9=\dfrac{2}{3}x$에서 $x=\dfrac{27}{2}$이다.

따라서, 진앙으로부터 $\dfrac{27}{2}\,km$ 떨어진 지역까지 지진파가 퍼져나간다.

> **결론** $\dfrac{27}{2}\,km$

07 용훈이는 9번, 17번, 50번 테이블에 앉지 않았고, 25번에 송규가 앉았으므로 용훈이는 36번에 앉았고 디저트로 푸딩을 먹었다.

9번 테이블에 앉은 사람은 스테이크를 먹었고, 17번 테이블에 앉은 사람은 피자를 먹었으므로 토마토 스파게티를 먹은 정은이는 50번 테이블에 앉았다.

채연이는 9번 또는 17번 테이블에 앉을 수 있는데 스테이크를 먹지 않았으므로 17번 테이블에 앉았고, 디저트로 케이크를 먹었다.

송규가 선택한 디저트는 아이스크림과 커피가 아니고, 용훈이가 푸딩, 채연이가 케이크를 먹었으므로 송규가 먹은 디저트는 과일이다. 9번, 17번 테이블에 앉은 사람이 각각 스테이크와 피자를 먹었고, 정은이가 토마토 스파게티를 먹었으며 송규는 크림 스파게티를 먹지 않았으므로 용훈이가 크림 스파게티, 송규가 리조또를 먹었다.

정은이는 디저트로 아이스크림을 먹지 않았으므로 커피를 마셨다. 따라서, 종만이는 9번 테이블에 앉았고 디저트로 아이스크림을 먹었다.

테이블	9번	17번	25번	36번	50번
사람	종만	채연	송규	용훈	정은
주 메뉴	스테이크	피자	리조또	크림 스파게티	토마토 스파게티
디저트	아이스크림	케이크	과일	푸딩	커피

> **결론** 풀이 참조

08 다음과 같이 $(10\times10\times10)cm^3$의 작은 정육면체로 나누어 색깔이 서로 엇갈리게 칠을 한다.

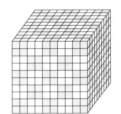

위의 그림에서 정육면체를 살펴보면 색칠된 정육면체가 63개, 색칠되지 않은 정육면체가 62개이다. $(5\times20\times10)cm^3$의 직육면체를 정육면체에 어떻게 넣어도 이 직육면체는 부피가 $(5\times5\times5)cm^3$인 정육면체 8개(색칠된 정육면체 4개, 색칠되지 않은 정육면체 4개)를 채우게 된다.

즉, 직육면체 모양의 상품으로 정육면체 모양의 상자 안을 빈틈없이 담으려면 두 색깔의 정육면체의 개수는 같아야 한다. 그런데 두 종류의 정육면체의 개수는 같지 않으므로 빈틈없이 담는 것은 불가능하다.

따라서, 상품을 상자에 빈틈없이 담을 수 없다.

> **결론** 불가능하다.

09

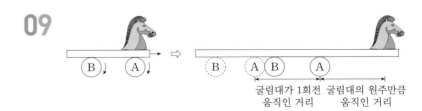

굴림대가 1회전 움직인 거리 굴림대의 원주만큼 움직인 거리

위의 그림과 같이 굴림대가 1회전 하였을 때, 굴림판이 움직인 거

리는 굴림대의 원주의 2배이다. 구하는 회전 수를 x번이라 하면,
$(1 \times 3.14 \times 2) \times x = 75.36$, $x = 12$
따라서, 굴림대는 12번 회전하였다.

결론 12번

10 같은 팀의 학생들은 모두 다른 개수의 공을 들고 있으므로 선영이의 말에서 선영이는 찬비, 현우와 다른 팀이고, 정린이의 말에서 정린이는 동우, 현우와 다른 팀이라는 것을 알 수 있다.

또, 찬비의 말에서 팀에 속한 학생은 공을 4개 들고 있을 수 없으므로 현우는 찬비와 같은 팀이거나 심판이고, 선영이는 공을 1개 들고 있음을 알 수 있다.

선영이는 공을 1개 들고 있으므로 동우의 말에서 동우와 선영이는 다른 팀이다.

현우의 말에서 현우, 선영, 진혁이는 모두 같은 팀이거나 모두 다른 팀인데 선영이의 말에서 선영이와 현우는 다른 팀이므로 현우, 선영, 진혁이는 모두 다른 팀이다.

(i) 현우와 찬비가 같은 팀일 경우

진혁이가 심판일 경우와 선영이가 심판일 경우가 있다.

• 진혁이가 심판일 경우 ┌ 팀1 : 현우, 찬비, 동우
└ 팀2 : 선영, 정린, 민희

선영이가 1개 들고 있으므로 찬비와 현우는 각각 2개 또는 3개를 들고 있다. 진혁이의 말에 의해 정린이는 2개 또는 3개를 들고 있고, 찬비는 2개가 아니므로 3개, 현우는 2개, 동우는 1개를 들고 있다. 정린이는 동우, 현우와 들고 있는 개수가 다르므로 3개이고, 민희는 2개이다. 그러나 민희가 2개, 동우가 1개 들고 있는 것은 민희의 말에 의해 모순이다.

• 선영이가 심판일 경우 ┌ 팀1 : 현우, 동우, 찬비
└ 팀2 : 진혁, 정린, 민희

진혁이의 말에 의해 정린이는 1개, 찬비는 1개 또는 3개인데 선영이가 1개이므로 찬비는 3개이고, 현우와 동우가 각각 1개 또는 2개를 들고 있다. 그러나 정린이는 현우 또는 동우와 같은 개수의 공을 들고 있으므로 정린이의 말에 의해 모순이다.

(ii) 현우가 심판일 경우 ┌ 팀1 : 선영, 정린, 민희
└ 팀2 : 진혁, 찬비, 동우

진혁이의 말에 의해 찬비는 2개, 동우의 말에 의해 진혁이는 3개 들고 있으므로 동우는 1개를 들고 있다. 동우가 1개를 들고 있으므로 민희의 말에 의해 민희는 3개의 공을 들고 있고, 정린이는 2개의 공을 들고 있다. 찬비의 말에 의해 현우는 공을 4개 들고 있다.

따라서, 선영(1개), 정린(2개), 민희(3개)가 한 팀이고, 동우(1개), 찬비(2개), 진혁(3개)이가 한 팀이며 현우(4개)가 심판이다.

결론 팀1 : 선영 1개, 정린 2개, 민희 3개,
팀2 : 동우 1개, 찬비 2개, 진혁 3개, 심판 : 현우 4개

아홉 실전 모의고사

01 (홀수)＋(홀수)＝(짝수), (홀수)－(홀수)＝(짝수),
(짝수)＋(짝수)＝(짝수), (짝수)－(짝수)＝(짝수),
(홀수)＋(짝수)＝(홀수), (홀수)－(짝수)＝(홀수)이므로
임의로 나열된 수에 ＋나 － 기호를 넣어 계산한 값이 홀수나 짝수가 되는 것은 ＋, －가 들어가는 위치와 ＋, －의 개수와는 상관이 없고, 전체 나열된 수 중 홀수의 개수에 의해 좌우된다. 즉, 홀수의 개수가 홀수 개이면 계산한 값은 홀수이고, 짝수 개이면 계산한 값은 짝수이다.
문제의 수들은 4씩 커지는 순서로 나열되어 있으므로 5부터 405까지는 모두 101개의 홀수가 있다.
따라서, 나열된 수는 홀수의 개수가 홀수 개이므로 계산한 값은 항상 홀수가 된다.

결론 홀수

02 28과 42의 최소공배수인 84분마다 주인이 알을 가져가는 것과 500마리의 암탉들이 알을 낳는 것이 동시에 발생하므로 오전 8시부터 양계장에 남아 있는 달걀의 개수는 다음과 같다.

8시	28분 후	42분 후	56분 후	84분 후	112분 후	126분 후
19500개	18000개	19500개	18000개	18000개	16500개	18000개

140분 후	168분 후	196분 후	210분 후	224분 후	252분 후	…
16500개	16500개	15000개	16500개	15000개	15000개	…

위의 표에서 8시 28분부터 84분마다 양계장에 있는 달걀이 1500개씩 줄어들고 있음을 알 수 있다.
$18000 \div 1500 = 12$이므로 8시 28분에서 $12 \times 84 = 1008$(분) 후에는 달걀이 한 개도 없다.
따라서, 오전 8시에서 28분＋1008분＝1036분＝17시간 16분이 지나면 양계장에 처음으로 달걀이 한 개도 남지 않는다.

결론 17시간 16분

03 1번 친구부터 15번 친구까지 있다고 할 때, 1번 친구가 2번 친구에게 자신이 만든 문제를 보내면 2번이 3번에게 1번, 2번 문제를 보내고, 3번이 4번에게 1번, 2번, 3번 문제를 보내는 방법으로 다음 번호의 친구에게 자신이 만든 문제와 친구에게 받은 문제를 보내면 15번 친구는 모든 문제를 가지고 있게 된다. 15번 친구가 자신이 가지고 있는 문제를 1번에서 14번까지의 친구에게 한 통씩 보내면 모든 친구들이 모든 문제를 다 풀어볼 수 있다.
따라서, 최소한 $14 + 14 = 28$(통)의 메일을 보내야 한다.

결론 28통

04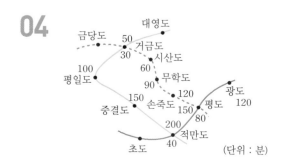

대영도, 금당도, 초도에서 배는 항상 동시에 출발하므로 배가 각 섬을 가는 데 걸리는 시간은 위의 그림과 같다.

대영도에서 출발한 배는 적만도에 200분 후에 도착하고, 초도에서 출발한 배는 적만도에 40분 후에 도착하는 데 80분마다 다음 배가 도착하므로 $40+80+80=200$(분) 후에 도착한 배로 갈아타고 광도로 가면 280분 후에 도착한다.

금당도에서 출발한 배는 평도에 150분 후에 도착하고, 초도에서 출발한 배는 평도에 80분 후에 도착하며 그 다음 배는 160분 후에 도착하므로 평도에서 10분간 초도에서 출발한 배를 기다렸다가 갈아타고 광도로 가면 200분 후에 도착한다.

따라서, 거금도에서 광도까지 최단 시간으로 간다면 200분$-$30분$=$170분$=$2시간 50분이 걸린다.

결론 **2시간 50분**

05 주어진 조건을 표로 나타내면 다음과 같다.

	미자	윤아	정민	현우
승	3	2	a	b
무	3	3	2	2
패	0	1	c	d
점수	15	13		

한 게임당 나오는 점수는 4점이고, 총 게임 수는 12게임이므로 4명의 점수의 합은 $4 \times 12 = 48$(점)이다. 즉, 정민이와 현우의 점수의 합은 $48-15-13=20$(점)이다.

표에서 $3+2+a+b=0+1+c+d$, $4+a+b=c+d$이고, $c+d=12-1-(3+3+2+2) \div 2=6$이므로 $a+b=2$이다.

정민이와 현우는 점수가 같지 않고 1인당 게임 수는 6게임이므로 $a=2$, $b=0$, $c=2$, $d=4$이다.

따라서, 정민이는 2승 2무 2패이고 $2 \times 3 + 2 \times 2 + 2 \times 1 = 12$(점)을, 현우는 2무 4패이고 $20-12=8$(점)을 얻었다.

결론 **정민 : 2승 2무 2패, 12점, 현우 : 2무 4패, 8점**

06 네 수를 곱해서 64가 되는 경우를 찾아보면 다음과 같다.
$(1, 1, 1, 64)$, $(1, 1, 2, 32)$, $(1, 1, 4, 16)$, $(1, 1, 8, 8)$, $(1, 2, 2, 16)$, $(1, 2, 4, 8)$, $(1, 4, 4, 4)$, $(2, 2, 2, 8)$, $(2, 2, 4, 4)$

큰 아들이 초등학생이라 하였으므로 이 중 $(1, 1, 8, 8)$, $(1, 2, 4, 8)$, $(2, 2, 2, 8)$의 세 가지 경우를 생각할 수 있다.

그런데 막내가 올해 7월에 돌잔치를 했다고 하였으므로 막내는 2살임을 알 수 있다.

따라서, 새로 이사온 집의 아이들은 2살짜리 세 쌍둥이(아들, 딸, 딸)와 8살짜리 아들임을 알 수 있다.

다른 풀이

아이들의 나이를 모두 곱하면 64이므로 아이들의 나이는 모두 64의 약수인 1, 2, 4, 8, 16, 32, 64 중의 하나이다. 큰 아들은 초등학생이므로 8살이고, 막내는 올해 7월 돌잔치를 했으므로 2살이다.

$8 \times 2 = 16$에서 나머지 두 아이들의 나이의 곱은 4이고, 각각의 나이가 2보다 크거나 같아야 하므로 $2 \times 2 = 4$에서 모두 2살임을

알 수 있다.

따라서, 8살짜리 아들과 2살짜리 세 쌍둥이(아들, 딸, 딸)임을 알 수 있다.

결론 **2살짜리 세 쌍둥이(아들, 딸, 딸)와 8살짜리 아들**

07 세탁기는 항상 남아 있는 수가 짝수 대이고, 2대가 남았을 때 2대를 꺼내면 2대를 채워 넣으므로 0대가 남아 있을 수 없다.

그러므로 이런 과정을 반복하면 세탁기 2대, 냉장고 0대가 남거나 세탁기 2대, 냉장고 1대가 남는 경우의 2가지 경우가 있다.

따라서, 제품이 가장 적게 남는 경우는 세탁기 2대만이 남는 경우이다.

(예①) 세탁기 : 150대, 냉장고 : 150대
 → 세탁기 : 2대, 냉장고 : 76대
 → 세탁기 : 2대, 냉장고 : 2대
 → 세탁기 : 2대, 냉장고 : 0대

(예②) 세탁기 : 150대, 냉장고 : 150대
 → 세탁기 : 2대, 냉장고 : 76대
 → 세탁기 : 2대, 냉장고 : 19대
 → 세탁기 : 2대, 냉장고 : 7대
 → 세탁기 : 2대, 냉장고 : 1대

결론 **세탁기 : 2대, 냉장고 : 0대**

08 자기 차례에 남은 물컵의 개수가 8개 이상 14개 이하일 때 이기고, 남은 물컵이 16개일 때 진다.

현서가 2개의 물컵을 옮기면 재희도 2개의 물컵을 옮겨서 현서 차례에 16개의 물컵이 남게 하면 재희가 팁을 가져갈 수 있고, 현서가 6개 또는 8개의 물컵을 옮기면 재희가 옮길 차례에 각각 14개, 12개의 물컵이 남게 되어 재희가 팁을 가져갈 수 있다.

따라서, 현서가 먼저 시작하면 팁은 재희가 갖게 된다.

결론 **재희**

09 1회전에서 홍만, 크로캅, 효도르가 먹은 햄버거의 개수의 비는 $5 : 9 : 4$이므로 세 명이 먹은 햄버거의 개수를 각각 $5x$개, $9x$개, $4x$개라 하면 $5x+9x+4x=18x$이다.

2회전에서 홍만, 크로캅, 효도르가 먹은 핫도그의 개수의 비는 $7 : 4 : 7$이므로 세 명이 먹은 핫도그의 개수를 각각 $7y$개, $4y$개, $7y$개라 하면 $7y+4y+7y=18y$이다.

3회전에서 홍만, 크로캅, 효도르가 먹은 만두의 개수의 비는 $13 : 11 : 6$이므로 세 명이 먹은 만두의 개수를 각각 $13z$개, $11z$개, $6z$개라 하면 $13z+11z+6z=30z$이다.

세 음식 각각의 개수의 합의 비가 $2 : 4 : 5$이므로 $18x : 18y : 30z = 2 : 4 : 5$이다.

$18x : 18y = 2 : 4$에서 $y=2x$, $18x : 30z=2 : 5$에서 $z=\dfrac{3}{2}x$이다.

(홍만이 먹은 음식의 총 개수) : (크로캅이 먹은 음식의 총 개수) : (효도르가 먹은 음식의 총 개수)
 $=(5x+7y+13z) : (9x+4y+11z) : (4x+7y+6z)$

$$=(5x+14x+\frac{39}{2}x):(9x+8x+\frac{33}{2}x):(4x+14x+9x)$$

$$=\frac{77}{2}x:\frac{67}{2}x:27x=77:67:54$$

3위를 한 사람이 효도르로 162개를 먹었으므로

(홍만이 먹은 음식의 총 개수) : (크로캅이 먹은 음식의 총 개수)

: (효도르가 먹은 음식의 총 개수)

$=77:67:54=231:201:162$이다.

따라서, 1위는 홍만으로 231개, 2위는 크로캅으로 201개, 3위는 효도르로 162개이다.

> **결론** 1위 : 홍만, 231개, 2위 : 크로캅, 201개, 3위 : 효도르, 162개

10 터널의 위치를 A, A에서 바로 아래 도로의 위치를 A′, 그림자의 위치를 C라 하고, 점 C에서 선분 AA′에 내린 수선의 발을 C′라 한다.

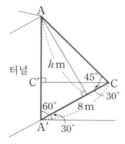

$\overline{A'C}=8\,m$, $\angle A'CC'=30°$이므로

$\overline{A'C'}=4\,m$, $\overline{C'C}=\overline{AC'}=4\sqrt{3}\,m$이다.

$\therefore \overline{AA'}=(4+4\sqrt{3})\,m$

도로에서 터널까지의 높이를 $h\,m$라 하면

$h=\overline{AA'}\sin 60°=(4+4\sqrt{3})\times\frac{\sqrt{3}}{2}=2\sqrt{3}+6=9.46$이다.

따라서, 이 터널을 지날 수 있는 차의 높이는 9.46 m 미만이다.

> **결론** 9.46 m

01 한 바구니에 든 땅콩의 양을 1이라 하면 문희가 1분당 먹는 땅콩의 양은 $\frac{1}{25}$이고, 준하가 1분당 먹는 땅콩의 양은 $\frac{1}{16}$이다.

두 사람이 1분당 먹는 땅콩의 양은 $\frac{1}{25}+\frac{1}{16}=\frac{41}{400}$이지만 같이 먹으면 더 많이 먹으려고 경쟁을 하게 되어 1분당 $\frac{1}{6}$을 먹게 된다.

따라서, 한 바구니에 들어 있는 땅콩의 $\frac{1}{6}-\frac{41}{400}=\frac{77}{1200}$이 땅콩 77개에 해당하므로 한 바구니에 들어 있는 땅콩의 개수는 1200개이다.

> **결론** 1200개

02 > **결론** 10번

03 15종류의 과자 중 3종류를 순서대로 뽑는 방법은

$15\times14\times13=2730$(가지)이다.

그러나 이 문제에서는 순서를 생각하지 않아도 되므로 3종류의 과자가 순서대로 뽑히는 경우만큼 나누어 주어 15종류의 과자 중 3종류의 과자를 선택하는 방법은

$\frac{2730}{3\times2\times1}=\frac{2730}{6}=455$(가지)이다.

따라서, 3종류 모두 같은 종류의 과자를 가져간 학생이 2명 이상 있으려면 이 학교 학생은 적어도 $455+1=456$(명)이어야 한다.

> **결론** 456명

04 6가지의 악기 중 3가지의 악기가 연주되는 경우는 다음과 같다.
① 〈피아노, 바이올린, 비올라〉, ② 〈피아노, 바이올린, 첼로〉, ③ 〈피아노, 바이올린, 클라리넷〉, ④ 〈피아노, 바이올린, 플루트〉, ⑤ 〈피아노, 비올라, 첼로〉, ⑥ 〈피아노, 비올라, 클라리넷〉

⑦ 〈피아노, 비올라, 플루트〉, ⑧ 〈피아노, 첼로, 클라리넷〉,
⑨ 〈피아노, 첼로, 플루트〉, ⑩ 〈피아노, 클라리넷, 플루트〉,
⑪ 〈바이올린, 비올라, 첼로〉, ⑫ 〈바이올린, 비올라, 클라리넷〉,
⑬ 〈바이올린, 비올라, 플루트〉, ⑭ 〈바이올린, 첼로, 클라리넷〉,
⑮ 〈바이올린, 첼로, 플루트〉, ⑯ 〈바이올린, 클라리넷, 플루트〉,
⑰ 〈비올라, 첼로, 클라리넷〉, ⑱ 〈비올라, 첼로, 플루트〉,
⑲ 〈비올라, 클라리넷, 플루트〉, ⑳ 〈첼로, 클라리넷, 플루트〉
이 중 ①, ③, ④, ⑥, ⑦, ⑩, ⑫는 ㉠을 만족하지 않고,
③, ⑥, ⑫, ⑭, ⑯, ⑰, ⑲는 ㉡을 만족하지 않으며
⑥, ⑦, ⑫, ⑬, ⑰, ⑱, ⑲는 ㉢을 만족하지 않는다.
따라서, 3가지가 동시에 연주될 수 있는 경우는
〈피아노, 바이올린, 첼로〉, 〈피아노, 비올라, 첼로〉, 〈피아노, 첼로, 클라리넷〉, 〈피아노, 첼로, 플루트〉, 〈바이올린, 비올라, 첼로〉, 〈바이올린, 첼로, 플루트〉, 〈첼로, 클라리넷, 플루트〉이므로 연주회 내내 연주되는 악기는 첼로이다.

> **결론** 첼로

05

르네	제 1전시실	클림트	제 2전시실
모네	제 1, 3전시실	칸딘스키	제 2, 3전시실
고갱	제 1, 4전시실	르누아르	제 2, 4전시실
고야	제 1, 3, 4전시실	샤갈	제 2, 3, 4전시실
밀레	제 1, 2전시실	피카소	제 3전시실
뭉크	제 1, 2, 3전시실	고흐	제 3, 4전시실
마티스	제 1, 2, 4전시실	미로	제 4전시실
폴락	제 1, 2, 3, 4전시실		

위와 같이 좋아하는 화가에 따라 들어가는 전시실은 모두 다르므로 미술관 관장은 학생이 들어간 전시실만 보고도 학생이 좋아하는 화가를 쉽게 알아낼 수 있는 것이다.
즉, 학생이 들어간 전시실에만 있거나 전시실들에서 중복되는 화가를 찾으면 된다.

> **결론** 풀이 참조

06

삼각형의 세 내각의 이등분선의 교점을 삼각형의 내심이라 하고, 내심에서 삼각형의 세 변에 이르는 거리는 모두 같다.
또, 삼각형의 두 외각의 이등분선의 교점을 삼각형의 방심이라고 하고, 방심에서 마주 보는 세 변까지의 거리는 모두 같다.

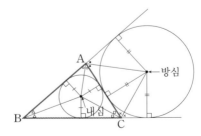

따라서, 도로 가, 나, 다에서 같은 거리에 있는 지점을 삼각형의 내심과 방심을 이용하여 찾으면 다음 그림의 ①, ②, ③, ④이고, 이 곳이 거주지로 정하기에 알맞은 곳이다.

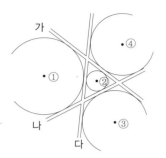

> **결론** 풀이 참조

07

예린이는 한 번도 비긴 적이 없고, 지용이가 가진 사탕의 개수는 10개이므로 예린이는 5승 또는 4승 1패이다. 그러나 민아가 한 번도 진 적이 없으므로 예린이는 4승 1패이다.
예린이가 4승 1패이므로 사탕의 개수는 13개이다. 예린이만 비긴 적이 없으므로 태우는 5패가 아니고, 혜민이와 태우가 가지고 있는 사탕의 개수의 합은 13개 이상이다. 예린, 민아, 승하, 지용, 혜민, 태우 6명의 총 사탕의 개수는 60개이고, 지용이는 10개이므로 나올 수 있는 경우는
$60 = 13 + 12 + 11 + 10 + 8 + 6$이다.
따라서, 예린이는 13개로 4승 1패, 민아는 12개로 2승 3무, 승하는 11개로 2승 2무 1패, 혜민이는 8개로 1승 1무 3패, 태우는 6개로 1무 4패이다.

	예린	민아	승하	지용	혜민	태우	전적
예린		×	○	○	○	○	4승 1패
민아	○		△	△	△	○	2승 3무
승하	×	△		△	○	○	2승 2무 1패
지용	×	△	△		○	△	1승 3무 1패
혜민	×	△	×	×		○	1승 1무 3패
태우	×	×	×	△	×		1무 4패

> **결론** 예린 : 4승 1패, 민아 : 2승 3무, 승하 : 2승 2무 1패, 혜민 : 1승 1무 3패, 태우 : 1무 4패

08

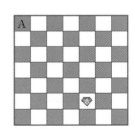

위의 그림과 같이 흰색과 검은색이 번갈아 나타나도록 검은색을 칠한다.
탐험가가 A에서 홀수 번 문을 통과하면 탐험가는 처음 있던 검은색 방에서 반드시 하얀색 방으로 움직이고, 탐험가가 짝수 번 문을 통과하면 탐험가는 처음 있던 검은색 방과 같은 색의 방으로 움직인다.
따라서, 탐험가가 A에서 38번 문을 통과한 후에 이동된 위치는 검은색 방이므로 하얀색 방에 있는 보석을 가지고 성을 빠져나갈 수 없다.

> **결론** 보석을 가지고 성을 빠져나갈 수 없다.

09

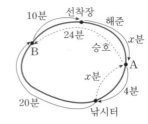

해준이와 승호가 처음 만난 지점을 A, 다시 만난 지점을 B라 한다. 해준이가 출발하여 승호를 처음 만날 때까지 걸린 시간을 x분이라 하면 낚시터와 A 사이를 가는 데 해준이는 4분, 승호는 x분이 걸렸다. 또, A에서 선착장을 지나 B까지 가는 데 해준이는 $(x+10)$분, 승호는 $4+20=24$(분)이 걸렸다.

두 사람은 각각 일정한 속도로 걷고 있으므로 같은 거리를 이동한 시간의 비도 일정하다.

$4:x=(x+10):24$, $x^2+10x=96$, $x^2+10x-96=0$,

$(x-6)(x+16)=0$

$\therefore x=6 \ (\because x>0)$

따라서, 해변가를 따라 섬을 한 바퀴 도는 데 해준이가 걸린 시간은 $6+4+20+10=40$(분), 승호가 걸린 시간은

$40 \times \dfrac{6}{4}=60$(분)이므로 두 사람이 섬을 도는 데 걸린 시간의 합은 $40분+60분=100분=1$시간 40분이다.

> 결론 1시간 40분

10
• 곽정족이 강 위에 산다고 가정하면 무기족은 진실을 말하고 있으므로 무기족은 강 아래에 산다. 소소족은 이 때 거짓말을 한 것이 되므로 강 위에 살고, 백통족도 거짓말을 한 것이 되므로 강 위에 산다.

지약족과 양과족은 강 아래에 살고 있으나 이들의 말에 의하면 소소족과 백통족이 둘 다 곰을 섬기게 되므로 문제에 모순된다.

• 곽정족이 강 아래에 산다고 가정하면 양과족과 백통족은 같은 동물을 섬기므로 서로 반대편에 위치해 있어야 한다.

(i) 양과족이 강 아래에 산다고 하면 백통족과 소소족은 강 위에 산다. 또, 무기족은 거짓말을 하고 있으므로 무기족은 강 위에 살고, 지약족은 강 아래에 산다.

양과족과 지약족의 말에 의하여 강 위에 살고 있는 백통족과 소소족이 곰을 섬기고 있으므로 문제와 모순된다.

(ii) 백통족이 강 아래에 산다고 하면 양과족은 강 위에 살고, 소소족은 강 아래에 산다. 백통족이 곰을 섬기지 않으므로 양과족도 곰을 섬기지 않고, 양과족의 말에 의해 소소족도 곰을 섬기지 않는다. 즉, 강 아래에 위치한 부족 중에서는 곽정족이 곰을 섬긴다. 또, 소소족의 말에 의해 무기족은 곰을 섬기지 않으므로 강 위에 위치한 부족 중에서는 지약족이 곰을 섬긴다.

따라서, 곰을 수호신으로 섬기는 부족은 곽정족과 지약족이다.

> 결론 곽정족, 지약족

열하나 **실전 모의고사**

01

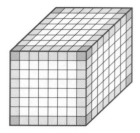

⬛ 초록색으로 색칠된 면이 3개인 정육면체

⬛ 초록색으로 색칠된 면이 2개인 정육면체

⬛ 초록색으로 색칠된 면이 1개인 정육면체

그림에서 초록색으로 색칠된 면이 2개 이상인 작은 정육면체는 원래의 정육면체에서 모서리에 있던 정육면체이다. 초록색으로 색칠된 면이 2개인 작은 정육면체는 $6 \times 12 = 72$(개)이고, 초록색으로 색칠된 면이 3개인 작은 정육면체는 8개이다.

따라서, 모두 $72+8=80$(개)이다.

[다른 풀이]

작은 정육면체의 개수 $8 \times 8 \times 8 = 512$(개)에서 한 면만 칠해진 정육면체의 개수 $6 \times 6 \times 6 = 216$(개)와 한 면도 칠해지지 않은 정육면체의 개수 $6 \times 6 \times 6 = 216$(개)의 합을 빼주면 색칠된 면이 2개 이상인 정육면체의 개수이다.

따라서, 색칠된 면이 2개 이상인 정육면체는 모두

$512 - (216 + 216) = 80$(개)이다.

> 결론 80개

02 현중과 건우의 증언이 서로 다르므로 둘 중 하나는 거짓 증언을 하고 있다. 건우가 진실 증언을 했을 경우 현중, 민서는 뇌물을 받았다. 그런데 건우는 현중과 민서 모두 자신과 같이 뇌물을 받았거나 자신과 같이 뇌물을 받지 않았다고 증언했으므로 건우는 뇌물을 받고 진실을 말하고 있는 것이 되어 모순이 된다.

따라서, 현중이는 진실 증언을 하였고, 건우는 거짓 증언을 했으므로 민서는 뇌물을 받지 않았음을 알 수 있다.

> 결론 건우

03 마지막에 가진 쌀의 양이 동욱이는 혜선이의 2배, 혜선이는 효주의 2배이므로 (동욱):(혜선):(효주)$=4:2:1$이다.

또, 효주는 민기의 $\dfrac{1}{3}$배이므로 (효주):(민기)$=1:3$,

승수는 혜선이의 $\dfrac{1}{4}$배이므로 (승수):(혜선)$=1:4$이다.

따라서, (동욱):(민기):(혜선):(효주):(승수)$=8:6:4:2:1$이다.

즉, 마지막에 동욱, 민기, 혜선, 효주, 승수가 각각 가지고 있는 쌀의 양은 $336 \times \dfrac{8}{21} = 128$(kg), $336 \times \dfrac{6}{21} = 96$(kg),

$336 \times \dfrac{4}{21} = 64$(kg), $336 \times \dfrac{2}{21} = 32$(kg),

$336 \times \dfrac{1}{21} = 16$(kg)이다.

마지막에 가진 쌀의 양에서 거꾸로 생각하여 다섯 명이 처음에 가지고 있던 쌀의 양을 구한다.

(단위 : kg)

동욱	민기	혜선	효주	승수
128	96	64	32	16
64	48	32	16	176
32	24	16	176	88
16	12	176	88	44
8	174	88	44	22
172	87	44	22	11

따라서, 다섯 명이 처음에 가지고 있던 쌀의 양은 동욱이는 $172\,kg$, 민기는 $87\,kg$, 혜선이는 $44\,kg$, 효주는 $22\,kg$, 승수는 $11\,kg$이다.

결론 동욱 : $172\,kg$, 민기 : $87\,kg$, 혜선 : $44\,kg$,
효주 : $22\,kg$, 승수 : $11\,kg$

04 뚱뚱이가 한 조각을 먹으면 땅땅이는 마주 보는 부분에 있는 케이크 한 조각을 먹고, 뚱뚱이가 서로 붙어 있는 세 조각을 먹으면 땅땅이는 마주 보는 부분에 있는 케이크 세 조각을 먹어 양쪽에 케이크 조각의 개수가 같도록 남겨놓는다.
이제 남은 부분을 먹을 때, 뚱뚱이가 먹은만큼 땅땅이가 반대편에 있는 케이크 조각을 가져가서 먹으면 땅땅이는 마지막 조각을 먹어 설거지를 안 하고 쉴 수 있다.

결론 풀이 참조

05 정육면체의 한 모서리의 길이가
1인 정육면체의 개수는 $5 \times n \times 3 = 15n$(개),
2인 정육면체의 개수는 $4 \times (n-1) \times 2 = 8(n-1)$(개),
3인 정육면체의 개수는 $3 \times (n-2) \times 1 = 3(n-2)$(개)이므로 크고 작은 정육면체의 총 개수는
$15n + 8(n-1) + 3(n-2) = 220$이다.
$26n = 234$
$\therefore n = 9$

결론 9

06 문제의 그림을 선분으로 나타내면 다음과 같다.

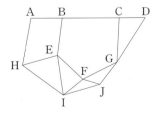

하나의 단일폐곡선인 AHEB에서 가장 긴 선분 AH를 지우고, 다른 단일폐곡선인 BEFGC에서 가장 긴 선분 BC를 지운다.

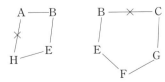

위와 같은 방법으로 각각의 단일폐곡선에서 가장 긴 선분을 지워나가면 다음 그림과 같고, 이 때 가장 적게 수도관을 사용하여 설

치할 수 있다.

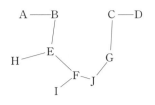

참고
단일폐곡선이란 선으로 된 도형 중에서 점이나 선의 연결상태가 원과 같은 도형이다.

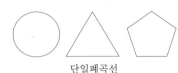 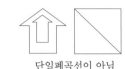

단일폐곡선　　　　　단일폐곡선이 아님

결론 풀이 참조

07 연속하여 앉아 있는 6명이 가지고 온 알감자의 개수의 합은 항상 20개로 같으므로 자기 자신이 자신으로부터 6번째에 앉은 친구와 항상 같은 개수의 알감자를 가지고 온 것이다.
학생회장을 1번으로 하여 오른쪽으로 번호를 붙이면 학생회장이 5개의 알감자를 가져왔으므로 $(6n+1)$번인 학생들은 5개의 알감자를 가져왔다.
학생회장의 오른쪽으로 3번째에 앉은 4번 학생이 3개의 알감자를 가져왔으므로 $(6n+4)$번인 학생들은 3개의 알감자를 가져왔고, 학생회장의 왼쪽으로 35번째에 앉은 $204-35+1=170$(번) 학생이 2개의 알감자를 가져왔으므로 $(6n+2)$번인 학생들은 2개의 알감자를 가져왔다.
학생회장의 오른쪽으로 80번째에 앉은 81번 학생과 왼쪽으로 67번째에 앉은 $204-67+1=138$(번) 학생이 알감자를 4개씩 가져왔으므로 $(6n+3)$번, $6n$번인 학생들은 4개의 알감자를 가져왔다.
은수는 $204-8+1=197$(번)이므로 $197 \div 6 = 32 \cdots 5$로 $(6n+5)$번인 학생들과 같은 개수의 알감자를 가져왔으므로 $20-(5+3+2+4+4)=2$(개)의 알감자를 가져왔다.

결론 2개

08 연우가 타고 올라간 에스컬레이터를 A, 채린이가 타고 올라간 에스컬레이터를 B라고 한다. 연우가 50계단을 올라가는 동안 에스컬레이터 A가 올라간 계단의 수는 $(n-50)$계단이고, 채린이가 30계단을 올라가는 동안 에스컬레이터 B가 올라간 계단의 수는 $66-30=36$(계단)이다.

연우와 채린이가 계단을 올라가는 속도는 각각 $\dfrac{50}{n-50}$, $\dfrac{30}{36}$이고, 속도의 비는 $2:1$이므로 $\dfrac{50}{n-50} : \dfrac{30}{36} = 2:1$이다.

$\dfrac{5}{3} = \dfrac{50}{n-50}$, $5n-250=150$, $5n=400$, $n=80$

따라서, 연우가 탄 에스컬레이터는 80계단이다.

결론 80계단

09 남아 있는 라이프의 수가 혜인이는 28개, 수희는 41개, 준서는 33 개이므로 혜인이는 $50-28=22$(번), 수희는 $50-41=9$(번), 준서는 $50-33=17$(번) 졌고, 총 $22+9+17=48$(번)의 게임을 했다.

혜인, 수희, 준서의 순으로 게임에 접속하였으므로 맨 처음 게임을 한 사람은 혜인과 수희이다. 이 때, 첫 게임에서는 준서가 대기하고, 마지막 게임에서는 누가 이겨도 대기하지 않는다.

혜인, 수희, 준서가 이긴 횟수를 각각 x번, y번, z번이라 하고, 마지막 게임에서 이긴 사람을 구한다.

(i) 마지막 게임에서 혜인이가 이긴 경우

	승	패	대기
혜인	x	22	$x-1$
수희	y	9	y
준서	z	17	$z+1$

(ii) 마지막 게임에서 수희가 이긴 경우

	승	패	대기
혜인	x	22	x
수희	y	9	$y-1$
준서	z	17	$z+1$

(iii) 마지막 게임에서 준서가 이긴 경우

	승	패	대기
혜인	x	22	x
수희	y	9	y
준서	z	17	z

각자가 이긴 횟수, 진 횟수, 대기한 횟수를 모두 더하면 총 게임수로 세 명이 한 총 게임 수는 모두 같아야 한다.

(i)에서 $21+2x=$(홀수), $18+2z=$(짝수)이므로 모순이다.

(ii)에서 $22+2x=8+2y=18+2z=48$

이 식을 풀면 $x=13$, $y=20$, $z=15$이다.

(iii)에서 $22+2x=$(짝수), $9+2y=$(홀수)이므로 모순이다.

따라서, 혜인이는 13번, 수희는 20번, 준서는 15번 이겼고, 맨 마지막 게임에서 이긴 사람은 수희이다.

> **결론** 혜인 : 13번, 수희 : 20번, 준서 : 15번,
> 맨 마지막 게임에서 이긴 사람 : 수희

10

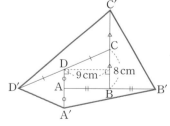

변 BC는 변 AD의 길이의 2배이므로 $\overline{AD}=8\div2=4$(cm)이다.

$\square ABCD=(4+8)\times9\div2=12\times9\div2=54$(cm²)

① $\triangle A'B'A=\triangle A'B'B+\triangle A'AB$
$\qquad=2\times\triangle A'AB(\because \overline{BB'}=\overline{BA})$
$\qquad=2\times\triangle ABD(\because \overline{AA'}=\overline{AD})$

② $\triangle B'BC'=\triangle B'BC+\triangle B'C'C$
$\qquad=2\times\triangle B'BC(\because \overline{BC}=\overline{CC'})$

$\qquad=2\times\triangle ABC(\because \overline{AB}=\overline{BB'})$

③ $\triangle C'D'C=\triangle C'D'D+\triangle C'CD$
$\qquad=2\times\triangle C'CD(\because \overline{DD'}=\overline{DC})$
$\qquad=2\times\triangle CBD(\because \overline{BC}=\overline{CC'})$

④ $\triangle A'DD'=\triangle A'AD'+\triangle DAD'$
$\qquad=2\times\triangle DAD'(\because \overline{A'A}=\overline{AD})$
$\qquad=2\times\triangle ACD(\because \overline{DD'}=\overline{CD})$

①+③$=2\times(\triangle ABD+\triangle CBD)=2\times\square ABCD$

②+④$=2\times(\triangle ABC+\triangle ACD)=2\times\square ABCD$

$\therefore$ ①+②+③+④+$\square ABCD=5\times\square ABCD=5\times54$
$\qquad\qquad\qquad\qquad=270$(cm²)

> **결론** 270 cm²

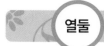

실전 모의고사

01

학생들은 총 $1+2+3+\cdots+17+18=(1+18)\times18\div2$
$=171$(개)의 사탕을 받았다.

$171\div30=5\cdots21$이므로 모든 학생들이 5개씩의 사탕을 받은 후,
1번부터 21번까지의 학생들은 한 개씩 더 받아 6개씩 받았다.

따라서, 18번째로 사탕을 받은 그룹에서 맨 마지막에 사탕을 받은 학생의 번호는 21번이다.

결론 21번

02

산책로의 모양을 간단하게 나타내면 다음과 같다.

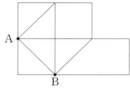

모든 산책로를 가장 빠르게 청소하기 위해서는 한 번 청소했던 길을 다시 지나가지 않아야 한다.

즉, 위의 그림을 한붓그리기한 경로가 가장 빠르므로 로봇청소기에 그 경로를 입력하면 된다.

그림에서 홀수점은 A와 B 2개뿐이므로 한붓그리기를 할 수 있다.

따라서, A를 출발하여 B에 도착하거나 B를 출발하여 A에 도착하도록 하는 경로를 입력하면 된다.

예

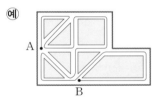

결론 풀이 참조

03

자신이 가진 번호의 약수의 개수가 홀수 개인 합창단원은 노래 → 화음 → 노래 → …로 짝수 번 바뀌므로 노래를 부르고 있고, 번호의 약수의 개수가 짝수 개인 합창단원은 노래 → 화음 → 노래 → …로 홀수 번 바뀌므로 화음을 넣고 있다.

약수의 개수가 홀수 개인 수는 완전제곱수이므로 1에서 138까지의 수 중에서 완전제곱수를 찾는다.

따라서, 이 과정을 끝마쳤을 때 노래를 부르고 있는 합창단원은 1, 4, 9, 16, 25, 36, 49, 64, 81, 100, 121번의 11명이다.

결론 11명

04

마지막에 온 신입사원은 간부 13명에게 명함을 건넸으므로 마지막에서 두 번째로 온 신입사원은 간부 14명에게, 세 번째로 온 신입사원은 15명에게 명함을 건넸다.

이와 같이 거슬러 올라갈 때 첫 번째로 온 신입사원은 모든 간부에게 명함을 건넨 것이므로 간부는 신입사원보다 12명 더 많이 참가했음을 알 수 있다.

따라서, 신입사원 환영식에 참가한 간부는

$(150+12)\div2=162\div2=81$(명)이고,
신입사원은 $150-81=69$(명)이다.

결론 간부 : 81명, 신입사원 : 69명

05

단장을 단, 원숭이를 원, 삐에로를 삐, 어린이 곡예사를 곡, 조련사를 조, 강아지를 강이라고 하고, 다음과 같이 움직인다.

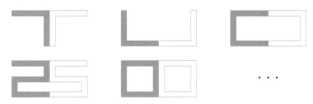

	출발지		강 건너편
①	삐곡곡 조강강	→	단원
②	단 삐곡곡 조강강	←	원
③	삐곡 조강강	→	단원 곡
④	단원 삐곡 조강강	←	곡
⑤	단원 조강강	→	삐곡곡
⑥	단원 삐 조강강	←	곡곡
⑦	단원 강강	→	삐곡곡 조
⑧	단원 조강강	←	삐곡곡
⑨	조강강	→	단원 삐곡곡
⑩	삐 조강강	←	단원 곡곡
⑪	강강	→	단원 삐곡곡 조
⑫	조강강	←	단원 삐곡곡
⑬	강	→	단원 삐곡곡 조강
⑭	단원 강		삐곡곡 조강
⑮	원	→	단 삐곡곡 조강강
⑯	단원	←	삐곡곡 조강강
⑰		→	단원 삐곡곡 조강강

결론 풀이 참조

06

문제의 모양들은 자음 ㄱ, ㄴ, ㄷ, ㄹ, ㅁ의 오른쪽에 거울을 놓았을 때 거울에 비친 모양과 원래 모양을 함께 그린 것이다. 다음과 같이 나열된 모양 각각을 반으로 나눠 오른쪽을 가리면 ㄱ, ㄴ, ㄷ, ㄹ, ㅁ임을 확인할 수 있다.

따라서, 12번째 자음은 ㅌ이므로 원래 모양과 오른쪽으로 대칭시킨 모양을 함께 그리면 ⊟ 모양이 된다.

결론 ⊟

07

3골 이상 10골 이하의 골을 넣은 참가자 수를 x명으로 놓으면
$(x+14+7+3)\times9-(6+8+15+x)\times7$
$=(11\times14+12\times7+13\times3)-(0\times6+1\times8+2\times15)$이다.
$9x+216-203-7x=239$
$2x=226,\ x=113$

따라서, 전체 참가자 수는 $29+113+24=166$(명)이고, 대회에서 사람들이 넣은 골의 총수는
$1\times8+2\times15+(113+24)\times9=8+30+1233=1271$(골)이다.

결론 참가자 수 : 166명, 넣은 골의 총수 : 1271골

08 시침과 분침은 12시간÷11=$1\frac{1}{11}$ 시간=1시간 $\frac{60}{11}$ 분

=1시간 $5\frac{5}{11}$ 분=1시간 5분 $\frac{300}{11}$ 초=1시간 5분 $27\frac{3}{11}$ 초마다 겹친다.

즉, 12시, 1시 5분 $27\frac{3}{11}$ 초, 2시 10분 $54\frac{6}{11}$ 초,

3시 16분 $21\frac{9}{11}$ 초, 4시 21분 $49\frac{1}{11}$ 초, 5시 27분 $16\frac{4}{11}$ 초,

6시 32분 $43\frac{7}{11}$ 초, 7시 38분 $10\frac{10}{11}$ 초, 8시 43분 $38\frac{2}{11}$ 초,

9시 49분 $5\frac{5}{11}$ 초, 10시 54분 $32\frac{8}{11}$ 초에 겹친다.

하루는 오전과 오후로 나뉘므로 시침, 분침은 하루에 2×11=22(번) 겹친다. 이 중 초침까지 정확히 일치하는 때는 정오와 자정뿐이다.

따라서, 로미오와 줄리엣은 하루에 두 번 만나 사랑을 속삭일 수 있다.

（결론） 2번

09

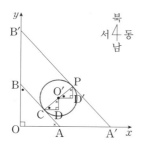

진영이와 효정이가 각각 점 A와 점 B에 도착할 때까지는 서로 보이다가 그 후 점 A′와 점 B′에 도착할 때까지는 서로 보이지 않는다.

△OAB∽△DO′C에서 3 : 5=$\overline{O'D}$: 8, $\overline{O'D}$=4.8(m),

4 : 5=$\overline{CD}$: 8, $\overline{CD}$=6.4(m)이다.

또, △DO′C와 △D′PO′는 합동이므로 점 P의 좌표는
(16.4+6.4, 12.8+4.8)=(22.8, 17.6)이다.

진영이와 효정이는 매분 같은 속도로 움직이므로 두 사람이 있는 두 지점을 이으면 직선의 방정식은 $y=-\frac{4}{3}x+b$이다.

점 P를 지나는 직선의 방정식을 $y=-\frac{4}{3}x+b$에 (22.8, 17.6)

을 대입하여 구하면 $y=-\frac{4}{3}x+48$이므로 점 B′의 좌표는
(0, 48)이다.

따라서, 두 사람이 서로 다시 보이기 시작하는 시각은
48÷4=12(분) 후이므로 구하는 시각은 오전 10시 12분이다.

（결론） 오전 10시 12분

10 ③, ⑤에 의해 예원이는 과학소설 작가이고, 아리는 과학소설을 읽었다. 조건 ①에 의해 아리가 희곡을 읽었다고 하면 ③에 의해 모순이 되므로 아리는 추리소설 작가이다.

②, ⑤에 의해서 민지는 아리가 쓴 글(추리소설), 예원이가 쓴 글(과학소설), 은수가 쓴 글을 읽지 않았으므로 민지가 읽은 글은 빈우가 쓴 글이고, 빈우가 읽은 글은 추리소설이다.

④에 의해서 예원이는 수필을 읽지 않았고, 은수가 수필을 읽었다면 예원이가 희곡 작가이므로 ⑤에 의해 모순이다.

따라서, 민지가 수필을 읽었다면 빈우가 쓴 글은 수필이고, 은수는 민지가 쓴 글을 읽었으므로 희곡 작가이다.

	아리	예원	빈우	은수	민지
작가	추리소설	과학소설	수필	희곡	동화
읽은 글	과학소설	희곡	추리소설	동화	수필

（결론） 아리 : 추리소설 작가, 과학소설, 예원 : 과학소설 작가, 희곡, 빈우 : 수필 작가, 추리소설, 은수 : 희곡 작가, 동화, 민지 : 동화 작가, 수필

열셋 실전 모의고사

01 $\frac{2}{5}e<40$, $e<40\times\frac{5}{2}$, $e<100$에서 e가 될 수 있는 최대 정수는 99이다.

e가 될 수 있는 최소 정수는 a, b, c, d가 최소일 때이므로 각각의 범위에서 a, b, c, d가 될 수 있는 최소의 정수를 넣어 e의 최소값을 구한다.

$201<a \Rightarrow a=202$,

$202<3b$, $\frac{202}{3}=67.33\cdots<b \Rightarrow b=68$

$2b<8c$, $\frac{b}{4}<c$, $\frac{68}{4}<c$, $17<c \Rightarrow c=18$

$-5d<-c$, $c<5d$, $\frac{c}{5}<d$, $\frac{18}{5}=3.6<d \Rightarrow d=4$

$-e<-11d$, $11d<e$, $44<e \Rightarrow e=45$

따라서, e가 될 수 있는 정수는 45부터 99까지의 정수이므로 정수의 개수는 모두 $99-45+1=55$(개)이다.

결론 55개

02 평면도형에서의 한붓그리기와 마찬가지로 입체도형에서도 홀수점의 개수가 0개(어떤 점에서 출발해도 그 점에서 끝난다.)이거나 2개(한 홀수점에서 출발하게 되면 다른 홀수점에서 끝나게 된다.)이면 한붓그리기가 가능하다.

문제의 도형은 홀수점이 2개(점 A, 점 B)인 도형으로 점 A에서 출발하면 점 B에서 끝나고, 점 B에서 출발하면 점 A에서 끝난다.

따라서, 개미가 점 A에서 출발하여 모든 선을 한 번씩 지나면 점 B에 도착한다.

예 개미는 다음의 경로로 이동한다.

A ⇨ J ⇨ G ⇨ H ⇨ I ⇨ J ⇨ F ⇨ C ⇨ D ⇨ E ⇨ F ⇨ D ⇨ H ⇨ A ⇨ G ⇨ C ⇨ E ⇨ I ⇨ A ⇨ B

결론 B

03 암벽등반 코스의 높이를 x m라고 하면,

$x=120+120\times\frac{2}{5}+120\times\left(\frac{2}{5}\right)^2+\cdots$ ...... ①

양변에 $\frac{2}{5}$를 곱하면

$\frac{2}{5}x=120\times\frac{2}{5}+120\times\left(\frac{2}{5}\right)^2+120\times\left(\frac{2}{5}\right)^3+\cdots$ ...... ②

①$-$②를 하면 $\frac{3}{5}x=120$, $x=200$이므로

산 정상의 높이는 200 m이다.

철수와 안나의 속력의 비가 5 : 2이고, 철수와 강자의 속력의 비가 3 : 2이므로

(철수의 속력) : (안나의 속력) : (강자의 속력)$=15 : 6 : 10$이다.

따라서, 철수와 강자가 만난 높이는 $200\times\frac{3}{3+2}=120$(m)이고, 강자와 안나가 만난 높이는

$120+(200-120)\times\frac{6}{6+10}=150$(m)이다.

결론 철수 : 120 m, 안나 : 150 m

04 도둑이 각 보석함에서 진주를 한 개씩 꺼내어 빈 보석함에 담았으나 주인은 도둑이 든 사실을 알아채지 못했다. 즉, 보석함들에 들어 있던 진주의 개수는 도둑이 꺼내어 빈 보석함에 담기 전과 후가 동일한 것이다.

처음에 빈 보석함이 있었으므로 진주 1개를 꺼냈을 때 빈 보석함이 되는 보석함이 있어야 한다. 즉, 진주 1개가 든 보석함이 있어야 한다. 또, 진주 1개가 든 보석함이 있었으므로 진주 1개를 꺼냈을 때 진주 1개가 남는 보석함이 있어야 한다. 따라서, 진주 2개가 든 보석함이 있어야 한다.

또, 진주가 들어 있던 모든 보석함에서 진주 1개씩을 꺼내어 빈 보석함에 담은 후에 그 보석함에 들어 있는 진주의 개수와 같은 개수가 들어 있던 보석함이 있어야 한다.

따라서, 원래 보석함에 들어 있던 진주의 개수는

$0+1+2+3+\cdots+14+15=120$에서 0개, 1개, 2개, 3개, 4개, $\cdots$, 15개이므로 보석함은 모두 16개가 있었다.

결론 16개

05 ③, ⑥, ⑦에 의해 유리는 하늘색 모자를 쓴 친구 앞에 있으므로 2번에 위치하고, 노란색 모자를 쓰고 있다. 또, 지수는 1번에 위치하며 ②에 의해 보라색 모자를 쓰고 있다.

④, ⑦에 의해 창민이는 4번에 위치하며 하늘색 모자를 쓰고 있고, 6번에 위치한 사람은 주황색 모자를 쓰고 있다.

②, ⑦에 의해 수아는 8번에 위치하며 보라색 모자를 쓰고 있고, ①에 의해 진호와 효리는 5번 또는 6번에 위치한다. 그런데 ⑤에 의하면 진호는 노란색 모자를 쓰고 있으므로 5번에 위치하고, 효리는 6번에 위치하며 주황색 모자를 쓰고 있다.

⑥에 의해 7번에 위치한 사람은 하늘색 모자를 쓰고 있고, 은하이다.

앞

지수(보라색)	유리(노란색)
재민(주황색)	창민(하늘색)
진호(노란색)	효리(주황색)
은하(하늘색)	수아(보라색)

뒤

결론 지수 : 1, 보라색, 은하 : 7, 하늘색, 진호 : 5, 노란색, 효리 : 6, 주황색, 수아 : 8, 보라색, 창민 : 4, 하늘색, 유리 : 2, 노란색, 재민 : 3, 주황색

06 기계 1대를 1주일 동안 작동시킬 때 필요한 전기량을 1이라 하면 기계 10대를 3주 동안 작동시킬 때 필요한 전기량은 $10\times3=30$이므로 3주 동안 발전기 2대에서는 30만큼의 전기가 나오고,

발전기 5대에서는 $30\times\frac{5}{2}=75$만큼의 전기가 나온다.

발전기 5대에서 7주 동안 나오는 전기량은 $17\times7=119$이므로 발전기 5대가 4주 동안 만들어낸 전기량은 $119-75=44$이고, 1

주일 동안 만들어낸 전기량은 11이다.

발전기 11대에서 33주 동안 나오는 전기량은

$$(119-11\times7)\times\frac{11}{5}+11\times\frac{11}{5}\times33=891$$이므로

↑   ↑
5대의 발전기에   발전기 5대로 1주일
저장되어 있는 전기량   동안 만들어낸 전기량

33주 동안 $891\div33=27$(대)의 기계를 작동시킬 수 있다.

다른 풀이

기계 1대를 1주일 동안 작동시킬 때 필요한 전기량을 1, 발전기 1대당 저장되어 있는 전기량을 x, 발전기 1대당 1주일 동안 만들어내는 전기량을 y라 하고 식을 세워 본다.

$2x+2\times3y=10\times3$ …… ①

$5x+5\times7y=17\times7$ …… ②

①, ②를 연립하여 풀면 $x=8.4$, $y=2.2$이다.

기계 수를 a대라 하고 11대의 발전기로 33주 동안 발전시킨다면

$11\times8.4+11\times33\times2.2=a\times33$, $a=27$

따라서, 11대의 발전기로는 33주 동안 27대의 기계를 작동시킬 수 있다.

결론 27대

07 남은 사원을 모두 데려갔으므로 맨 마지막에 사원을 데려간 팀장은 D이다. 모든 사원 수가 37명이고, 37은 2, 3, 4의 배수가 아니므로 맨 처음에 사원을 데려간 팀장은 E이다.

남은 수의 $\frac{1}{2}$, $\frac{2}{3}$, $\frac{3}{4}$이 모두 자연수이어야 하므로 E가 데려가고 남은 사원의 수는 24의 배수로 E는 13명을 데려갔다. A와 C는 E보다 적은 사원을 데려가야 하므로 A와 C는 두 번째로 사원을 데려가지 않았다. 즉, B가 두 번째로 사원을 데려갔고, A와 C는 세 번째 또는 네 번째로 사원을 데려갔다.

(ⅰ) E, B, A, C, D의 순서로 사원을 데려갔다면 E는 13명, B는 12명, A는 8명, C는 3명, D는 1명을 데려갔다.

(ⅱ) E, B, C, A, D의 순서로 사원을 데려갔다면 E는 13명, B는 12명, C는 9명, A는 2명, D는 1명을 데려갔다.

따라서, A 팀장이 데려간 사원 수는 2명 또는 8명이 될 수 있다.

결론 2명, 8명

08 12개의 상자에 들어 있는 사탕의 총 개수는

$1+2+3+\cdots+10+11+12=78$(개)이므로

세 명은 각각 $78\div3=26$(개)씩의 사탕을 찾았다.

태인이는 12개의 사탕이 든 상자를 찾았으므로 태인이가 찾은 나머지 세 상자에 든 사탕의 총 개수는 $26-12=14$(개)이다. 태인이가 찾은 나머지 세 상자에 각각 들어 있을 수 있는 사탕의 개수를 순서쌍으로 나타내어 보면 (1, 3, 10), (1, 4, 9), (2, 4, 8)의 세 가지 경우가 있다.

희정이가 5개의 사탕이 든 상자를 찾았고, 태인이가 찾을 수 있는 세 가지 경우를 생각하여 지윤, 희정이가 찾은 상자에 들어 있는 사탕의 개수를 구해본다.

각각의 친구들이 찾은 상자에는 연속된 개수의 사탕은 없었으므로 나올 수 있는 경우는 다음과 같다.

지윤 : 2, 6, 8, 10개의 사탕이 든 상자

희정 : 3, 5, 7, 11개의 사탕이 든 상자

태인 : 1, 4, 9, 12개의 사탕이 든 상자

따라서, 10개의 사탕이 들어 있는 상자는 지윤이가 찾았다.

결론 지윤

09 화살표 방향으로 0부터 아래쪽, 위쪽으로 번갈아가며 차례대로 숫자를 써서 규칙을 찾아보면 ①부터 ⑥까지 점을 찍은 위치는 자연수의 제곱수인 것을 알 수 있다.

① : $1=1^2$, ② : $4=2^2$, ③ : $9=3^2$, ④ : $16=4^2$, ⑤ : $25=5^2$,

⑥ : $36=6^2$, …

따라서, ⑦은 $7^2=49$가 쓰여진 곳인 왼쪽에서 9번째이고, 위에서 2번째에 찍는다.

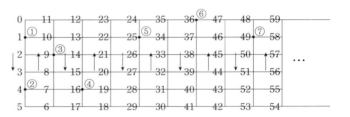

결론 풀이 참조

10

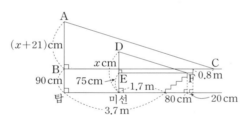

태양이 평행하게 비추므로 $\overline{AC}/\!/\overline{DF}$이고, $\overline{AB}/\!/\overline{DE}$에서 $\angle BAC=\angle EDF$이다.

$\angle ABC=\angle DEF=90^\circ$이므로 $\triangle ABC\sim\triangle DEF$(AA닮음)이다.

미선이의 키를 x cm라 하면,

$\overline{DE}=(x-75)$ cm,

$\overline{AB}=x+111-90=x+21$ (cm)이다.

$\overline{AB}:\overline{DE}=\overline{BC}:\overline{EF}$

$(x+21):(x-75)=(370+180):(170+80)$

$(x+21):(x-75)=550:250$

$550(x-75)=250(x+21)$

$550x-41250=250x+5250$

$300x=46500$, $x=155$

따라서, 미선이의 키는 155 cm이다.

결론 155 cm

실전 모의고사

01 $\{11, 12, 13, \cdots, 3998, 3999\}$의 부분집합 중에서 그 부분집합의 임의의 두 원소의 차가 5와 9가 되지 않는 부분집합 중 원소의 개수가 가장 많은 부분집합의 원소의 개수를 구하면 된다.

5와 9는 홀수이고, (짝수)−(짝수)=(짝수), (홀수)−(홀수)=(짝수)에서 부분집합이 $\{x|x$는 홀수$\}$와 $\{x|x$는 짝수$\}$ 중 원소의 개수가 가장 많은 것을 찾는다.

11번에서 3999번까지는 짝수보다 홀수의 개수가 많으므로 $\{x|11\leq x\leq3999$인 홀수$\}$의 원소의 개수를 구한다.

따라서, 서울에서 시험을 보는 응시생 수는 최대 $(3999-11)\div2+1=3988\div2+1=1994+1=1995$(명)이다.

결론 1995명

02 $1\leq a\leq5$, $1\leq b\leq5$, $1\leq c\leq5$, $1\leq d\leq5$이고, 큰 수를 작은 수로 나눈 값이 5인 경우는 한 주사위에서 2가 나오고 다른 주사위에서 10이 나오는 경우이므로 그 확률은

$\dfrac{b}{8}\times\dfrac{d}{8}+\dfrac{d}{8}\times\dfrac{b}{8}=\dfrac{2bd}{64}=\dfrac{bd}{32}$이다.

$\dfrac{bd}{32}=\dfrac{9}{32}$이므로 $bd=9$에서 $b=3$, $d=3$이다.

$a+b+c+d=8$에서 $a+c=2$이므로 $a=1$, $c=1$이다.

따라서, $a=1$, $b=3$, $c=1$, $d=3$이다.

결론 $a:1$, $b:3$, $c:1$, $d:3$

03 두부를 10모, 10모, 10모, 1모로 나누어 각각을 A, B, C, D라 하자.

맨 처음 A, B를 양팔저울에 올렸을 때, 평형을 이루는 경우와 평형을 이루지 않는 경우를 생각해 본다.

(i) 평형을 이루는 경우

A, B에는 모두 불량 두부가 없으므로 A, C를 양팔저울에 올려 놓고 비교하여 평형을 이루면 D가 불량 두부이고, 평형을 이루지 않으면 C에 불량 두부가 있는 것이다.

이 때, A, C 중 C쪽이 올라갔으면 불량 두부는 일반 두부보다 가벼운 것이고, C쪽이 내려갔으면 불량 두부는 일반 두부보다 무거운 것이다. 불량 두부가 일반 두부보다 무거운지 가벼운지 알았으므로 C의 10모의 두부 중 불량 두부를 찾으려면 양팔저울을 3번 사용하면 알 수 있다.

따라서, 양팔저울을 5번 사용해야 한다.

(ii) 평형을 이루지 않는 경우

A와 B 중에 불량 두부가 있는 것이다. 불량 두부는 일반 두부보다 무거운지 가벼운지 알 수 없으므로 A, C를 다시 양팔저울에 올려서 둘이 평형을 이루면 B에 불량 두부가 있는 것이고, A, C가 평형을 이루지 않으면 A에 불량 두부가 있는 것이다. 이 때, 불량 두부의 무게는 양팔저울이 평형을 이루지 않는 경우에 불량 두부를 포함한 쪽이 내려갔으면 무거운 것이고, 올라갔으면 가벼운 것이다. 10모의 두부 중 한 모의 불량

두부를 찾으려면 양팔저울을 3번 사용해야 하므로 이 경우에도 저울은 5번 사용해야 한다.

따라서, 불량 두부를 찾기 위해서는 양팔저울을 적어도 5번 사용해야 한다.

결론 5번

04 7명이 모두 5번씩 게임을 하려면 총 $7\times5=35$(번)의 게임을 해야 한다. 또, 2명씩 짝을 이뤄 게임을 하므로 이 2명이 한 번씩 게임을 한 것이다.

따라서, 총 게임 수는 2의 배수가 되어야 한다. 그러나 35는 2의 배수가 아니므로 7명이 모두 5번씩만 게임에 참여할 수 없다.

다른 풀이

7명의 학생을 a, b, c, d, e, f, g라 하고 7명이 5번씩 게임을 하는 모습을 그림으로 그려보면 다음과 같다.

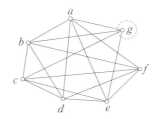

이 때, g의 게임 횟수는 4번이므로 모든 친구들이 각각 5번씩 게임에 참여하는 것은 불가능하다.

결론 참여할 수 없다.

05 양이 10시에 나오므로 호랑이는 $10-1=9$(시)에, 쥐는 $9-4=5$(시)에, 돼지는 $5+2=7$(시)에 나온다.

1	2	3	4	5	6	7	8	9	10	11	12
				쥐		돼지		호랑이	양		

닭을 기준으로 하면 뱀은 (닭+4)(시)에, 말은 (뱀+1)=(닭+5)(시)에, 개는 (닭+1)(시)에, 소는 (개+2)=(닭+3)(시)에, 원숭이는 (소−1)=(닭+2)(시)에 나오므로 닭, 개, 원숭이, 소, 뱀, 말의 순서로 1시간 간격으로 나온다.

연속으로 6칸이 빈 칸은 11시~4시밖에 없으므로 닭은 11시에 나오고 개는 12시에, 원숭이는 1시에, 소는 2시에, 뱀은 3시에, 말은 4시에 나온다. 용은 쥐와 닭이 나오는 시각의 가운데 시각에 나오므로 8시에 나오고, 토끼는 6시에 나온다.

시	1	2	3	4	5	6	7	8	9	10	11	12
동물 유형	원숭이	소	뱀	말	쥐	토끼	돼지	용	호랑이	양	닭	개

결론 원숭이, 소, 뱀, 말, 쥐, 토끼, 돼지, 용, 호랑이, 양, 닭, 개

06 8명의 친구를 각자의 표에 적힌 번호대로 1에서 8까지라 하고, 6에서 8까지의 친구만 자신의 좌석에 앉았다고 하면 이 3명만 자신의 표에 적힌 좌석에 앉았으므로 1에서 5까지의 친구는 자신의 번호가 적힌 좌석이 아닌 다른 좌석에 앉았다.

앉은 좌석 번호 1 2 3 4 5

영화표에 적힌 번호
$2-1-\begin{cases}4-5-3\\5-3-4\end{cases}$
$3-\begin{cases}1-5-4\\4-5-1\end{cases}$

$$
\begin{array}{l}
\quad\quad\quad\llcorner 5-1-4 \\
\quad\llcorner 4 \llcorner 1-5-3 \\
\quad\quad\quad\llcorner 5 \llcorner 1-3 \\
\quad\quad\quad\quad\quad\llcorner 3-1 \\
\llcorner 5 \llcorner 1-3-4 \\
\quad\quad\llcorner 4 \llcorner 1-3 \\
\quad\quad\quad\quad\llcorner 3-1
\end{array}
$$

위와 같이 1의 자리에 2가 앉는 경우가 총 11가지이고, 이런 식으로 1의 자리에 3, 4, 5가 앉는 경우가 각각 11가지씩이므로 1에서 5까지의 친구가 자신의 번호가 아닌 곳에 앉을 경우는
$11 \times 4 = 44$(가지)이다.

이 때, 8명 중 3명을 순서대로 뽑는 방법은 $8 \times 7 \times 6 = 336$(가지)이지만 여기서는 순서를 생각하지 않아도 되므로 3명을 순서대로 나열하는 경우의 수만큼 나누어 준다.

따라서, 8명 중 3명을 뽑는 가짓수는 $\dfrac{336}{3 \times 2 \times 1} = 56$(가지)이므로 경우의 수는 $44 \times 56 = 2464$이다.

결론 2464

07

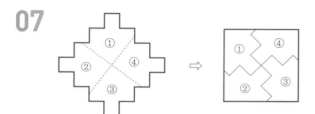

결론 풀이 참조

08 어떤 참가자가 잡은 붕어 수가 소라 아버지가 잡은 붕어 수보다 많고, 잡은 잉어 수도 소라 아버지가 잡은 잉어 수보다 많으면 이 참가자의 종합 순위는 소라 아버지의 종합 순위보다 낮을 수 없다.

소라 아버지가 잡은 물고기를 제외하고, 참가자들이 잡은 총 물고기의 수는 $15 \times 3 + 15 \times 4 - 9 = 96$(마리)이고, 소라 아버지보다 종합 순위가 높으려면 최소 10마리 이상을 잡아야 하므로 $96 \div 10 = 9.6$에서 소라 아버지가 될 수 있는 가장 낮은 종합 순위는 10위이다.

결론 10위

09 원 R_1, R_2, R_3, …의 반지름을 각각 r_1, r_2, r_3, …이라 하고, 원 R_2', R_3', R_4', …의 반지름을 각각 r_2', r_3', r_4', …이라 한다.
$\overline{AB} = \sqrt{16^2 + 12^2} = \sqrt{400} = 20\,(cm)$

$\triangle ABC = \dfrac{1}{2} \times 16 \times 12 = \dfrac{1}{2} \times r_1 \times (20 + 16 + 12)$이므로

$r_1 = 4\,(cm)$이다.
$\overline{Cl_1'} = 8\,cm$이므로 $\overline{Bl_1'} = 8\,cm$이고, $\triangle ABC \backsim \triangle l_1 B l_1'$이다.
두 삼각형이 닮음일 때, 그 닮음비와 내접원의 반지름의 길이의

비는 같으므로 $\dfrac{\overline{Bl_1'}}{\overline{BC}} = \dfrac{r_2}{r_1}$에서 $r_2 = \dfrac{4}{2}\,cm$이고,

이와 같은 방법으로 구하면

$r_3 = \dfrac{4}{2^2}\,cm$, $r_4 = \dfrac{4}{2^3}\,cm$, $r_5 = \dfrac{4}{2^4} = \dfrac{1}{4}\,(cm)$이다.

또, $\overline{Cm_1'} = 8\,cm$이므로 $\overline{Am_1'} = 4\,cm$이고
$\triangle ABC \backsim \triangle Am_1 m_1'$이다.

따라서, $\dfrac{\overline{Am_1'}}{\overline{AC}} = \dfrac{r_2'}{r_1}$에서 $r_2' = \dfrac{4}{3}\,cm$이고,

이와 같은 방법으로 구하면

$r_3' = \dfrac{4}{3^2}\,cm$, $r_4' = \dfrac{4}{3^3}\,cm$, $r_5' = \dfrac{4}{3^4} = \dfrac{4}{81}\,(cm)$이다.

결론 원 R_5의 반지름 : $\dfrac{1}{4}\,cm$, 원 R_5'의 반지름 : $\dfrac{4}{81}\,cm$

10 ③에서 1A3B이므로 암호에 들어가는 5개의 숫자 중 4개는
$(0, 1, 2, 3)$, $(0, 1, 2, 7)$, $(0, 1, 3, 7)$, $(0, 2, 3, 7)$,
$(1, 2, 3, 7)$ 중 하나이다.

(ⅰ) $(0, 1, 2, 3)$일 경우에는 ②가 2A1B가 되려면 4, 5, 7, 8에서 2개의 숫자가 일치해야 하므로 숫자가 총 6개가 되어 모순이다.

(ⅱ) $(0, 1, 2, 7)$일 경우에는 ①에서 5, 6, 9가 아니고, ⑤에서 3, 4가 아니므로 ④에서 1A2B가 되지 않는다.

(ⅲ) $(0, 1, 3, 7)$일 경우에는 ⑤에서 1A2B가 나올 수 없으므로 모순이다.

(ⅳ) $(0, 2, 3, 7)$일 경우에는 ①, ②, ④에서 7, 3, 2, 0을 제외하고 공통으로 들어 있는 숫자가 5이므로 5개의 숫자는 0, 2, 3, 5, 7이다.

(ⅴ) $(1, 2, 3, 7)$일 경우에는 ④가 1A2B가 되려면 0, 4, 5, 6에서 2개의 숫자가 일치해야 하므로 숫자가 총 6개가 되어 모순이다.

따라서, 암호에 들어가는 5개의 숫자는 0, 2, 3, 5, 7이다.
①, ②에서 2가 같은 위치에 있으므로 2를 A라고 가정해보자.
$(\_2\_\_\_)$
④에서 5 $\underset{B}{0}$ 4 6 $\underset{B}{2}$가 1A2B이므로 5가 A이다.
$(52\_\_\_)$
③에서 $\underset{B}{7}$ $\underset{B}{3}$ $\underset{B}{2}$ 0 1이 1A3B이므로 0이 A이다.
$(52\_0\_)$
②에서 8 $\underset{A}{2}$ $\underset{B}{5}$ 4 7이 2A1B이므로 7이 A이다.
(52_07)
따라서, 다섯 자리의 암호는 52307이다.

결론 52307

열다섯 실전 모의고사

01 마지막 타일의 노란색은 노란색 중에서 95번째로 칠해지는 것이 므로 끝까지 칠하려면 빨, 주, 노, 초, 파, 남, 보를 94번 칠하고 빨, 주, 노를 칠해야 한다.

빨, 노, 파, 남은 페인트가 있으므로 각각 칠하는 데 35초씩 걸리고, 주, 초, 보는 혼합하여 칠해야 하므로 각각 칠하는 데 1분 25초=85초씩 걸린다.

(빨, 주, 노, 초, 파, 남, 보를 한 번씩 칠하는 데 걸리는 시간)
$= 35 \times 4 + 85 \times 3 + 7 \times 7 = 140 + 255 + 49 = 444$(초)

(빨, 주, 노를 칠하는 데 걸리는 시간)$= 35 + 7 + 85 + 7 + 35$
$= 169$(초)

(총 걸리는 시간)=(빨, 주, 노, 초, 파, 남, 보를 94번 칠하는 데 걸리는 시간)+(빨, 주, 노를 칠하는 데 걸리는 시간)
$= 444 \times 94 + 169 = 41736 + 169 = 41905$(초)

따라서, 모든 타일을 칠하는 데 걸리는 시간은 41905초=698분 25초=11시간 38분 25초이다.

결론 11시간 38분 25초

02 은민이와 희수는 각각 3문제씩 틀려 둘 다 맞힌 문제가 최소한 4문제이므로 3번 답은 ①, 4번 답은 ①, 6번 답은 ④, 7번 답은 ②이다.

은민이와 성훈이는 각각 3문제, 4문제씩 틀려 둘 다 맞힌 문제가 최소한 3문제이므로 9번 답은 ④, 10번 답은 ①이다.

3, 4, 6, 7, 9, 10번 답을 토대로 선미의 답을 채점하면 선미는 3, 4, 6, 7, 10번의 답을 맞혔으므로 선미의 1, 2, 5, 8, 9번 답은 오답임을 알 수 있다.

성훈이의 2번 답이 선미의 답과 같으므로 틀렸고, 3, 4, 6번 문제도 틀렸으므로 1, 5, 8번 문제를 모두 맞혀야 60점이 된다.

따라서, 1번 답은 ③, 5번 답은 ②, 8번 답은 ③이다.

1, 3, 4, 5, 6, 7, 8, 9, 10번 답을 토대로 은민이의 답을 채점하면 은민이는 3, 4, 6, 7, 9, 10번을 맞히고 1, 5, 8번을 틀렸으므로 2번을 맞혀야 70점이 된다.

따라서, 2번 답은 ④이다.

1	2	3	4	5	6	7	8	9	10
③	④	①	①	②	④	②	③	④	①

결론 1-③, 2-④, 3-①, 4-①, 5-②,
6-④, 7-②, 8-③, 9-④, 10-①

03 용수철 진자운동은 추가 원래의 위치로 돌아오기 위해 위아래로 움직이므로 용수철 진자의 추를 15cm 잡아당겼을 때, 용수철 진자는 처음 추가 있던 위치까지 움직이므로 위로 15cm 올라간다.

처음 위치로 온 용수철 진자는 처음 움직인 15cm의 $\frac{1}{10}$ 움직이므로 처음 위치에서 위로 $15 \times \frac{1}{10} = 1.5$(cm) 움직이고, 다시 처음 위치로 내려가므로 아래로 1.5cm 움직인다.

다시 처음 위치로 온 용수철 진자는 처음 위치에서 아래로

$1.5 \times \frac{1}{10} = 0.15$(cm), 다시 위로 0.15cm 움직이고,

그 다음에는 처음 위치에서 위로 $0.15 \times \frac{1}{10} = 0.015$(cm) 움직이고, 다시 아래로 0.015cm 움직인다.

따라서, 용수철 진자는 멈출 때까지 계속 위아래로 움직이므로
(추가 움직인 거리의 합)
$= 15 + 1.5 + 1.5 + 0.15 + 0.15 + 0.015 + 0.015 + \cdots$
$= 15 + 3 + 0.3 + 0.03 + 0.003 + \cdots = 18.333\cdots$
$= 18.\dot{3} = \frac{183 - 18}{9} = \frac{165}{9} = \frac{55}{3}$(cm)이다.

결론 $\frac{55}{3}$ cm

04 각 부동산 업자의 말에 따라 다음과 같이 생각해 볼 수 있다.

1 f b 또는 b f

2 a g 또는 g a

3 b c e 또는 e c b

4 e a, h 또는 a e, h

5 g d h 또는 h d g

이 다섯 명의 이야기를 종합해 보면 다음 두 가지의 경우를 생각할 수 있다.

f b c e a g d h 또는 h d g a e c b f

따라서, d집과 같은 방향에 있는 집은 b, e, g로 모두 3집이다.

결론 3집

05 현민이가 6번 "방문하였습니다."를 외쳤으므로 1번에서 35번까지 5바퀴를 돈 후 6바퀴째 돌고 있었던 것이고, 현민이의 번호가 30번대이므로 최소 29명은 6번 "방문하였습니다."를 외친 것이다.

따라서, 이 때까지 총 "방문하였습니다."를 외친 횟수는 최소한
$35 \times 5 + 29 = 175 + 29 = 204$(번)이다.

놀이의 방법대로 $1+2+3+4+5+4+3+2 = 24$(명)씩 규칙적으로 외치므로 $204 \div 24 = 8 \cdots 12$에서 8번씩 돌아가고 12명이 남는다. $1+2+3+4 = 10$, $1+2+3+4+5 = 15$에서
$15 - 12 = 3$(명)이 더 외쳐야 하므로 $29 + 3 = 32$(번)까지 외쳐야 한다.

따라서, 현민이의 번호는 32번이다.

결론 32번

06 (유진)=(루시)+1이고, {(미호)+(요나)}÷2=(루시)+0.5이므

로 (미호)+(요나)=2×(루시)+1=(루시)+(유진)이다.
루시가 가장 가볍고 카이의 몸무게가 평균이므로 유진이가 가장
무겁고 카이가 중간이다.
유진이의 몸무게는 요나의 몸무게보다 무거우므로
3.8<(유진)<4.3이고, 루시는 유진이보다 1kg 가벼우므로
2.8<(루시)<3.3이다.
따라서, 카이의 몸무게는 3.3<(카이)<3.8=(요나)이므로 무거
운 순서대로 이름을 쓰면 유진, 요나, 카이, 미호, 루시 순이다.

결론 유진, 요나, 카이, 미호, 루시

07 샴 고양이와 페르시안 고양이는 둘 다 2층에 있으므로 하바나 고
양이는 2층에 있을 수 없다.

예 • 하바나 고양이가 1층에 있는 경우

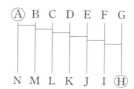

• 하바나 고양이가 3층에 있는 경우

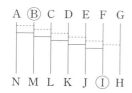

따라서, 하바나 고양이는 1층과 3층에 있을 수 있다.

결론 1층, 3층

08 사다리타기게임에서 가로줄은 위치를 바꿔주므로 첫 번째에서 일
곱 번째로 가려면 6번의 자리바꿈이 필요하다. 즉, A에서 H로 가
려면 다음과 같이 6개의 가로줄을 그어야 한다.

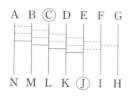

B는 두 번째에서 여섯 번째 자리인 I로 이동하는데 A에서 그은
선의 영향을 받으므로 4+1=5(개)의 가로줄이 필요하다.

C는 같은 방법으로 4개의 가로줄이 필요하다.

이와 같은 방법으로 D는 3개, E는 2개, F는 1개의 가로줄이 필
요하다.
따라서, 최소 6+5+4+3+2+1=21(개)의 줄이 있었다.

결론 21개

09 체육관의 각 꼭지점을 A, B, C, D, E 라 한다.

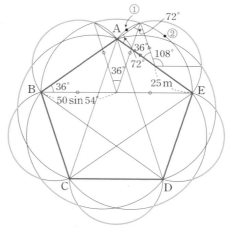

점 ①은 선분 AE를 지름으로 하는 원 위의 점이고, 점 ①에서 체
육관을 볼 때 두 점 B, E가 보이는 양끝 점이므로 ∠A①E는 90°
이나 ∠B①E는 90°가 아니다.
점 ②는 선분 BE를 지름으로 하는 원 위의 점이고, 점 ②에서 체
육관을 볼 때 두 점 A, E가 보이는 양끝 점이므로
∠B②E는 90°이나 ∠A②E는 90°가 아니다.
따라서, 그림에서 색으로 된 선이 구하는 자취의 길이이다.

$$\therefore \left(2\pi \times 25 \times \frac{108°}{360°} + 2\pi \times 50 \times \sin 54° \times \frac{36°}{360°}\right) \times 5$$
$$= (15\pi + 8\pi) \times 5 = 23\pi \times 5 = 115\pi \text{(m)}$$

결론 115π m

10 원의 지름이 $2r$이라면, 원 안의 건축 석재가
1회전 할 때 석재를 $2\pi r$의 거리만큼 움직일
수 있다. 이 때, 밧줄은 석재의 둘레 길이만
큼 더 풀린다. 즉, 원판이 1회전 하는 동안
밧줄이 풀린 총 길이는 $2\pi r + 4\sqrt{2}r$이다.

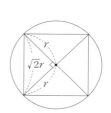

따라서, 사람이 $2\pi r + 4\sqrt{2}r$만큼의 거리를 움직일 때, 건축 석재
를 $2\pi r$의 거리만큼 옮길 수 있다.

$$\frac{2\pi r + 4\sqrt{2}r}{2\pi r} = \frac{\pi + 2\sqrt{2}}{\pi} = 1.9006 \cdots \to \text{약 } 1.9 \text{배}$$

따라서, 건축 석재를 30m 움직이려면 사람은 약
$1.9 \times 30 = 57$(m) 올라가야 한다.

결론 57 m